Clemens Bittlinger

Da, wo ich bin, da will ich sein!

W0247491

Clemens Bittlinger

Da, wo ich bin, da will ich sein!

Von der Freiheit, authentisch zu leben

KREUZ

Ich widme dieses Buch meinen lieben Eltern

MIX
Papier aus verantwor-
tungsvollen Quellen
FSC® C106847

FSC
www.fsc.org

© KREUZ VERLAG
in der Verlag Herder GmbH, Freiburg im Breisgau 2012
Alle Rechte vorbehalten
www.kreuz-verlag.de

Umschlaggestaltung: agentur Idee
Umschlagmotiv: © Corbis

Satz: de·te·pe, Aalen
Herstellung: fgb· freiburger graphische betriebe
www.fgb.de

Printed in Germany

ISBN 978-3-451-61135-3

Inhalt

Vorwort

»Ich bin reif für die Insel!«, stöhnen wir manchmal und wollen da, wo wir sind, nicht sein – auf den ersten Blick. Beim genaueren Hinsehen wollen die meisten von uns jedoch genau da sein, wo sie sind. Sie wissen es nur nicht. Überlegen Sie einmal, was sich ändern müsste, damit Sie woanders sein könnten? Welche Anstrengungen müssten Sie unternehmen, um Grundlegendes in Ihrem Leben zu verändern? Welche Beziehungen müssten Sie aufgeben und welche Menschen müssten Sie enttäuschen, um ganz anders zu leben? Welche Sicherheiten müssten Sie aufgeben? Wollen Sie das tatsächlich? Die ehrliche Antwort lautet in der Regel: »Nein, das wäre ein viel zu hoher Einsatz!« Also »wollen« Sie letztendlich da sein, wo Sie sind, denn Sie »wollen« es ja auch nicht ändern. Und selbst, wenn Sie sagen: »Ich ›will‹ da nicht sein, wo ich bin, aber ich ›muss‹ es aufgrund der Umstände«, wäre es dann nicht besser, dass Sie Ihre Einstellung zu der momentanen Situation so ändern, dass Sie Ihre Lage bejahen und positiv verstärken, indem Sie sich sagen: »Da, wo ich bin, da will ich sein!«?

Die meisten von uns haben die Freiheit zu wählen, wie sie ihr eigenes Leben gestalten. Ich kann zwischen einer positiven und einer negativen Lebenseinstellung wählen. Dieses Buch möchte Sie dazu ermutigen, Ihr Leben, so wie Sie es leben, zu bejahen. Viele Texte und Erzählungen aus der Bibel können Ihnen dabei helfen: Ich werde im Verlauf des Buches immer wieder auf die Geschichte von Paulus und Silas im Gefängnis zu sprechen kommen, die in der Apostelgeschichte des Neuen Testaments, Kapitel 16, Vers 23 bis 40 steht. Doch so viel schon jetzt: Wenn Paulus und Silas als Häftlinge ihre Gefangenschaft derart gutheißen können, dass die inneren und äußeren Mauern gesprengt werden und sich ihr gesamtes Umfeld positiv verändert – um wie viel mehr kann sich der Horizont unseres mehr oder weniger normalen Alltags durch den Esprit dieser Freiheit erweitern und beleben?

Schon bei dem Philosophen Epikur (341–270 v. Chr.) finden wir den Satz: »Alles, was gut, und alles, was schlecht ist, ist eine Sache der Wahrnehmung.« Das bedeutet: Es liegt an mir, wie ich einen Sachverhalt oder eine Situation beurteile. Wenn ich also feststelle, dass ich dort, wo ich lebe oder arbeite, im Wesentlichen sein will, dann wäre es doch klug, auch meine Wahrnehmung dahingehend zu trainieren, dass sie sich auf das Positive konzentriert und nicht auf das Negative.

Dieses Buch möchte Sie jedoch auch ermutigen, Ihr Leben grundlegend zu ändern, wenn Sie nach reiflicher Überlegung zu dem Schluss kommen: »Da, wo ich bin, da will ich *nicht* sein!« Und auch da greifen uns die alten Erzählungen, Lieder und Gebete unter die Arme: »Bitte frei machen!« Diese Bitte und Aufforderung, die wir so vielleicht zunächst nur vom Arzt kennen, wird uns dabei begleiten. Unsere innere Freiheit ist die Vorrausetzung dafür, dass wir wählen und sagen können: »Ich will!« Und wenn wir Grundlegendes ändern wollen, müssen wir uns »frei machen« oder »freischwimmen«. Dann können wir zurückfinden zu jener Freiheit, die unser Menschsein ausmacht.

Clemens Bittlinger

Die Schwimmerin

Draußen herrscht schlechtes Wetter. Das Hallen-Wellenbad der Nordseeinsel ist zum Bersten gefüllt. Selbst in der sonst für das Schwimmen guten Zeit zwischen 12.45 und 13.30 Uhr gibt es keine Verschnaufpause – auf den beiden innersten Bahnen tummeln sich unbeirrt sechs bis acht engagierte Schwimmer. Einer davon bin ich. Immerhin achten wir alle aufeinander, niemand schwimmt rückwärts und auch die »Kampfbrillen-Schwimmer« halten sich fern. In diesem Getümmel, bei dem jeder und jede mehr schlecht als recht seine Bahnen absolvieren kann, fällt mir eine betagte Dame auf, die sehr gut schwimmen kann und sich in diesem Wirrwarr ganz unbeirrt und stoisch in ihrem eigenen Rhythmus bewegt. Etwa 20 Minuten zieht sie mit uns gemeinsam ihre Bahnen. Ab und zu macht sie Pausen und hat ihr eigenes Tempo. Irgendwie bringt sie ein wenig Ruhe in das hektische Treiben der anderen »Bahnen-Schwimmer«. Irgendwann fasse ich mir ein Herz, steuere auf sie zu und spreche sie an: »Entschuldigen Sie, darf ich Sie fragen, wie alt Sie sind?« Sie mustert mich verdutzt, aber nicht unfreundlich, überlegt kurz, als müsste sie meine Frage erst einordnen und ihre Gedanken sortieren, antwortet aber dann mit einem Funkeln in den Augen und einem schelmischen Lächeln auf den Lippen: »Ich bin 87 Jahre alt!« Sichtlich überrascht entfährt es mir: »Das finde ich aber großartig, dass Sie sich hier in dieses Gewimmel begeben! Sie schwimmen sehr schön!« Darauf antwortet sie: »Ja, ich habe gerade erst wieder mit dem Schwimmen angefangen. Wissen Sie, ich war lange krank. Hier im Wasser brauche ich eine Brille, denn ich sehe so schlecht!« – sprach's und schwamm weiter, in ihrem eigenen Tempo, ihre ganz eigenen Bahnen.

Ich habe viel über diese Frau nachgedacht. 87 Jahre alt, sagte sie und ich rechne zurück: 1924 geboren, also hat sie ihre Jugend im Hitler-Deutschland erlebt. Ich stelle mir vor, wie sie vielleicht in Hamburg aufgewachsen sein mag: Sie mag in einem wohlhabenden und gebildeten Elternhaus aufgewachsen sein, das Gymnasium besucht haben und als 14-jähriges Mädchen 1938 ganz selbstverständlich in den Bund deutscher Mädel, den BdM, aufgenommen worden sein. Und ich stelle mir vor, wie sie dort bei den vielen Aktivitäten des BdM ihre Leidenschaft für das Schwimmen entdeckte. Sie merkte, wie gut ihr das Schwimmen tat, und sie war geschickt. Ihr Körper schien wie geschaffen für das Wasser zu sein. Mühelos konnte sie sich darin bewegen und war schneller als alle anderen. Bald gewann sie sämtliche internen Schwimmmeisterschaften, sowohl in der Schule als auch beim BdM. Wenn sie Probleme hatte, wenn Sorgen sie quälten, war das Schwimmen ihre Zuflucht: Hier konnte sie sich ganz auf sich konzentrieren und gewissermaßen »abtauchen« vor allem, was über sie hereinzubrechen drohte. Bald nahm sie an größeren, überregionalen Schwimmmeisterschaften teil und errang auch hier Trophäe um Trophäe. Die Sportwelt war fasziniert von der flinken und eleganten Art ihrer Schwimmtechnik. Doch die Umstände und Wirren des Zweiten Weltkrieges verhinderten eine weitere Karriere: Im Jahr 1943 brach sie sich bei einer »Verschickung« nach Ostpreußen ihr Fußgelenk und war wochenlang außer Gefecht gesetzt. Doch auch in Ostpreußen erwies sich das Wasser und das Schwimmen als ihr engster Freund und Begleiter: Hier fand sie wieder zurück zu ihrem geliebten Sport.

Nach dem Ende des Zweiten Weltkriegs gehörte sie mit 21 Jahren zu den ersten, die studierten, und wurde Gymnasiallehrerin für Geschichte, Sport und Latein an einem altehrwürdigen Mädchengymnasium in ihrer Heimatstadt. Während des Studiums hatte sie ihren Mann kennengelernt, der leider sehr früh verstarb. Aus dieser Ehe war eine Tochter hervorgegangen. In all den Jahrzehnten hatte sie das Schwimmen wie ein stiller, wunderbar tragender und erfrischender Freund begleitet. Hier konnte sie sich fallen lassen wie früher – im Salzwasser allemal –, einfach abtauchen und ihren Träumen und Gedanken freien Lauf lassen. Das Wasser war immer zweite Heimat und Zufluchtsort für sie. Und nun war sie nach langer Krankheit endlich wieder an dem Ort ihrer Jugend. Begleitet von ihrer Tochter genoss sie hier das Wellenbad an der Nordsee.

Diese ältere Dame ist für mich zu einem Inbegriff des Menschen geworden, der zumindest in einem bestimmten Moment sagen konnte: »Da, wo *ich bin*, da *will ich sein*!« Als Schwimmerin aus Leidenschaft war es ihr nach langer Krankheit ein absolut dringliches Anliegen, wieder zu schwimmen – so sehr, dass sie dieses für eine alte Frau nicht ungefährliche Geschiebe und Geschubse in einem überfüllten Schwimmbecken in Kauf nahm. Beim Schwimmen war sie ganz sie selbst und lebte auf, das war ganz offensichtlich (= *ich*). Sie brauchte zwar Hilfe, um aus dem Becken herauszukommen, doch im Wasser war sie mindestens 30 Jahre jünger. Hier *war* sie so, wie sie sich fühlen wollte und sich selbst verstand (= *bin*). Deshalb war es kein Zufall, kein Entschluss aus Langeweile, sondern ihr fester Wille, genau da zu sein, wo sie war (= *will*). Alles andere hätte einen Rückschritt bedeutet. Während ihrer ganzen Krankheit, als sie ans Bett gefesselt war, hat sie sich diesen Moment, wieder schwimmen zu können, herbeigesehnt und nun genoss sie es in vollen Zügen. Sie blendete das Chaos um sie herum aus und war ganz sie selbst. Sie konnte und durfte »sein«. Sie war so offensichtlich und so sehr in ihrem Element, dass sie die anderen Schwimmer (oder zumindest mich) damit ansteckte und ich noch mehr begann, den kleinen Freiraum, den mir die anderen Schwimmer ließen, zu genießen.

Da, wo ich bin, da will ich sein!

Im Gefängnis

Waren Sie schon einmal in einem Gefängnis? In der Vergangenheit wurde ich immer wieder einmal eingeladen, bei Gefängnisgottesdiensten mitzuwirken. Die Begegnungen mit Gefangenen sind oft beklemmend, denn ein Gefängnis gehört mit Sicherheit zu den Orten, an denen man am wenigsten sein möchte. Um als Außenstehender ein Gefängnis betreten zu können, bedarf es einer längeren Vorbereitung: Man muss angemeldet sein und seinen Personalausweis an der Pforte abgeben. Dann schließt sich hinter einem das Eingangstor und das nächste wird geöffnet und gleich hinter einem wieder verschlossen. Überall sind Kameras und Wachleute, aus den Gängen schallt der Lärm von Männerstimmen und der Essensausgabe. In den meisten Gefängnissen gelangt man über einen Innenhof hinüber in den Trakt, in dem die Kirche des Gefängnisses untergebracht ist. Auf meinem Weg dorthin mustern mich die Insassen, die zum Teil schon vor der Kirche oder im Gottesdienstraum stehen, neugierig. Der Sakralraum wirkt meistens wie eine kleine Oase in der Tristesse des Gefängnisalltags, und das ist auch gut so. Obwohl sich die Gefangenen vorher anmelden müssen, wenn sie an den Gottesdiensten teilnehmen möchten, sind diese meist recht gut besucht. Das hat in der Regel weniger damit zu tun, dass diese Menschen besonders fromm oder hungrig nach »geistlicher Nahrung« sind, sondern vor allem auch damit, dass sie sich hier relativ frei bewegen und begegnen können. Man trifft die anderen außerhalb des vorgesehenen Rahmens, kann Tauschgeschäfte anbahnen und hat, wenn Gäste da sind, zumindest einen minimalen Außenkontakt. Viele der Insassen singen gerne, zum Beispiel Gospels oder Shantys, und in manchen Gefängnissen gibt es eine Art Kirchenchor. Vielleicht ist es auch die Musik und der Klang der eigenen Stimme, verbunden mit einem trostvollen Lied, die einen über die momentane, eigene Befindlichkeit hinausträgt, die das Singen in den Gefängnisgottesdiensten so beliebt macht.

> Von einem Gesang »hinter Gittern« berichtet uns auch die Apostelgeschichte in Kapitel 16. Dort wird berichtet, dass man den Apostel Paulus und seinen Begleiter Silas in den Sicherheitstrakt eines Gefängnisses geworfen hatte. Da saßen sie nun, in Ketten gelegt, im Dunkeln, hungrig und durstig. Kein angenehmer Ort und eigentlich eine Situation, in der man laut aufschreien und sich beim Leben oder beim lieben Gott bitter beschweren möchte. Doch etwas anderes geschieht: Um die Mitternachtszeit begannen die beiden zu beten und Gott zu loben. Das taten sie laut und sicher auch mit Gesang, denn die anderen Gefangenen hörten sie.

Wenn wir Lieder singen, strecken wir uns nach der Freiheit aus, und wenn wir Gott loben, dann strecken wir uns nach einer Freiheit aus, die über unsere Tränen und unseren Schmerz hinausgeht. Wir spüren dann vielleicht, dass wir nicht allein sind. Im Hebräischen, der Ursprache der Bibel, bedeutet das Wort *»näfäsch«* sowohl »Kehle« als auch »Seele«. Wenn wir also mit unserer Kehle ein Lied anstimmen, dann schwingt unsere Seele mit. Das gilt ganz besonders dann, wenn wir ein Dank- oder Loblied singen, denn wir wenden uns dann ganz bewusst an den Ursprung unserer Seele, an den Schöpfer. Somit war das Singen von Paulus und Silas viel mehr als das berühmte »Pfeifen im Wald«, wenn man Angst hat. Es war Ausdruck ihrer Freiheit – mitten im Gefängnis.

Man muss sich den Glauben und das Vertrauen der beiden einmal vor Augen führen: Welchen Grund hatten sie, Gott zu loben? Ich glaube, ich wäre ziemlich sauer gewesen und hätte mich bei Gott heftig beklagt. Aber das Vertrauen darauf, »dass denen, die Gott lieben, alle Dinge zum Besten sind« (Römer 8,28), war so stark, dass sie sich bei Gott bedankt haben für die Situation, in der sie waren. Während sie also kein Klagelied, das sie bestimmt auch auf den Lippen gehabt hätten, angestimmt haben, sondern es bewusst durch ein frohes und dankbares Lied ersetzt haben, wurden sie selbst von dieser Freude und Hoffnung erfasst.

Paulus und Silas haben sich ganz bewusst für das sprichwörtlich *halb volle* Glas entschieden und nicht für das halb leere. Darin besteht das Phänomen des Glaubens, dass die äußeren Umstände die innere Freiheit im Grunde nicht antasten können. »Ist Gott für uns, wer will dann gegen uns sein?« (Römer 8,31). Aus dieser inneren Freiheit sind die Gospels und Spirituals der versklavten Schwarzen entstanden, man hat sich und die anderen an die eigentliche Heimat erinnert und daran, dass es eine Freiheit gibt, die nicht in Ketten gelegt werden kann.

Paulus und Silas machen also das Beste aus ihrer Situation, indem sie sich positiv stimmen und sich darüber klar werden, dass ihre Situation das Ergebnis dessen ist, was sie von Herzen bejahen und wollen: Sie haben sich dafür in aller Freiheit entschieden, Jesus Christus nachzufolgen und seine befreiende Botschaft zu verkünden. Deshalb wurden sie eingesperrt. Die Gefangenschaft ist also das Ergebnis ihrer Freiheit. Mit ihrem Gesang bringen die beiden jedoch zum Ausdruck: »Da, wo ich bin, da will ich sein!« Wenn sich also Paulus und Silas in einem düsteren Gefängnisloch zu solch einer scheinbar paradoxen Haltung durchringen können, um wie viel mehr müssten wir auch zu einer solchen Haltung finden können, wie auch immer unsere Lebensumstände im Augenblick sein mögen: »Da, wo ich bin, da will ich sein!«

Im Sommer 2011 veröffentlichte die Deutsche Bahn das Ergebnis einer Untersuchung unter ihren Mitarbeitern. Daraus ging hervor, dass 70 Prozent aller Arbeitnehmer dieses Unternehmens lustlos und unmotiviert ihrer Arbeit nachgehen. Anscheinend wollen also 70 Prozent der Arbeitnehmer nicht da sein, wo sie sind.

Vielleicht denken auch Sie: Die haben recht! So, wie es in meiner Familie aussieht, und bei dem Klima an meinem Arbeitsplatz, will ich wirklich nicht mehr so weitermachen wie bisher. Sie sind dann in bester Gesellschaft mit vielen Menschen, die da, wo sie sind, nicht sein wollen – zumindest auf den ersten Blick. Mit dieser Einstellung bringen sie sich selbst und andere in eine schlechte Stimmung. Offensichtlich wäre die einfachste Lösung, gar nicht mehr zur Arbeit zu erscheinen und sich einen anderen Arbeitsplatz zu suchen. Aber auf diese Alternative angesprochen, kommen zumeist die Gegenargumente: »Wenn ich meinen jetzigen Job kündige, dann muss ich mir ja einen neuen suchen. Von Harz IV will und kann ich ja nicht leben, schließlich muss ja auch noch unser Haus abbezahlt werden. Das gäbe dann ein finanzielles Fiasko. Wer sagt mir außerdem, dass der neue Job besser ist, denn sooo schlecht ist mein jetziger Arbeitsplatz nun auch wieder nicht, und die Kollegen sind ja eigentlich ganz nett. Außerdem würde mir meine Frau die Hölle heiß machen, wenn ich einfach so von der Arbeit wegbliebe« und so weiter.

Auf einmal merken wir, wie »teuer« es uns zu stehen käme, wenn wir tatsächlich etwas an unserer jetzigen Situation ändern wollten. Deshalb wäre es folgerichtig und klug zu sagen: »Da, wo ich bin, da will ich sein! Alles andere wäre mir zu teuer und aufwendig und würde nicht dem entsprechen, was ich eigentlich will.« Wenn ich also nach ausführlichem Nachdenken feststelle, dass ich an meiner momentanen Situation nichts ändern möchte, wäre es doch klug, meine Lebenssituation positiv einzuschätzen und zu bejahen. Fahren Sie also nach Hause und sagen Sie es, schreiben Sie es sich an den Spiegel, an den Kühlschrank, an die Kaffeemaschine, ans Lenkrad und an Ihren Monitor: »Da, wo ich bin, da will ich sein!« Sie werden erstaunt sein, wie sich nicht nur Sie selbst, sondern auch Ihr ganzes Umfeld dadurch verändert.

> Plötzlich aber geschah ein großes Erdbeben, sodass die Grundmauern des Gefängnisses wankten. Und sogleich öffneten sich alle Türen und von allen fielen die Fesseln ab.
> *(Apostelgeschichte 16,24)*

»Da, wo ich bin, da will ich sein!« – Was geschieht, wenn wir die Situation, in der wir uns momentan befinden und aus der wir im Moment – aus welchen Gründen auch immer – nicht entfliehen können, bejahen und nicht beklagen, willkommen heißen und nicht verfluchen? Nach meiner Erfahrung geschehen drei Dinge, eventuell sogar gleichzeitig:

Die Grundmauern wanken

Wenn ich beschließe: »Ich will da, wo ich bin, arbeiten!«, gerät etwas, das seit Jahrhunderten fest gemauert erschien, auf einmal ins Wanken, nämlich, dass man zur Arbeit gehen *muss* und dass allein schon deshalb Arbeit in den meisten Fällen gar keinen Spaß machen *kann*. Wenn wir aber diesen Teufelskreis durchbrechen, wanken die Grundmauern unseres selbst erbauten Gefängnisses und stürzen von selbst ein. Dem Stoiker Marc Aurel (ca. 300 v. Chr.)wird der Satz zugeschrieben: »Arbeite! Aber nicht wie ein Unglücklicher oder wie einer, der bemitleidet werden will!«

Diese Grundmauern bestehen aus Stimmen, Stimmungen und Beurteilungen, die sich mitunter über Jahrzehnte in meinem Kopf gebildet und verfestigt haben. Sie bestehen aber auch aus Lebensskripten, die zum Teil seit unserer Kindheit in uns verankert sind.

Mir wurde zum Beispiel als kleiner Junge immer suggeriert: »Wir Bittlingers haben zwei linke Hände und können noch nicht einmal ordentlich einen Nagel in die Wand schlagen!« Aufgrund dieser negativen Einstellung zum Heimwerken wurde auch niemals anständiges Werkzeug angeschafft, sodass es tatsächlich unmöglich war, minderwertige Nägel mit einem schlechten Hammer gerade in die Wand zu schlagen. Noch heute macht sich ein großer Widerwillen bei mir bemerkbar, wenn es darum geht, ein Loch in die Wand zu bohren und ein Regal zu befestigen, aber unser Haushalt hat nun einen relativ gut sortierten Werkzeugkasten, und wenn ich das Ganze positiv und nicht wie ein Unglücklicher angehe, dann gelingt auch mir das eine oder andere im Haushalt – und schon wieder ist eine Grundmauer meines Gefängnisses eingestürzt.

Diese Episode können Sie auf viele andere Lebensbereiche übertragen, zum Beispiel die Ehe: In jeder Ehe gibt es diese Grundmauern, die uns gefangen halten und den anderen auf den bisher gemachten Erfahrungen festnagelt: »Du bist nie pünktlich!«; »Du machst ja nichts im Haushalt!«; »Sexuell geht immer alles nur von mir aus!« Als wir als relativ spät gebärende Eltern unsere beiden Kinder bekamen, gab es eine Zeit in unserer Ehe, in der sich unsere Liebesbeziehung wie ein großer, müder Riese schlafen gelegt hatte und ich irgendwann den Eindruck hatte: Wir begegnen einander nur noch wie Brüderchen und Schwesterchen. Das war mir zu wenig, und gerade in der Ehe kann der Satz »Da, wo ich bin, da will ich sein!« nur Bestand haben, wenn beide Partner bereit sind, etwas für die Beziehung zu tun. Gerade für die Ehe gilt der Satz: »Wenn jemand möchte, dass alles so bleibt, wie es ist, dann möchte er nicht, dass alles so bleibt, wie es ist!« Das bedeutet: Wenn man möchte, dass eine Liebesbeziehung eine Liebesbeziehung bleibt, muss man bereit sein, daran zu arbeiten, und bei der Begegnung mit dem anderen präsent und fantasievoll sein.

Ich habe damals, am Anfang eines Jahres, zu meiner Frau gesagt: »Ich wünsche mir, dass wir am Ende des Jahres wieder ein Liebespaar sind!« Und so gingen wir diesen Prozess nicht »wie zwei Unglückliche« an, sondern eher wie ein Abenteuer und eine Entdeckungsreise. Zu unserem Glück konnten wir damals für vier Monate nach Kalifornien »auswandern«. Dort haben wir begonnen, uns neu zu entdecken. Positiv gestimmt und aus den alten Bezügen und Festlegungen ausgebrochen, zerbrach so manche Grundmauer unseres Gefängnisses.

Dass Mauern in der Kombination von Glauben und Musik ins Wanken geraten, kennen wir aus der Erzählung von der Einnahme der Stadt Jericho (vgl. Josua 6,1–27), deren Zustand im Alten Testament wie ein Gefängnis beschrieben wird:

Jericho war den Israeliten gänzlich verschlossen und niemand konnte hinein- oder herauskommen.
(Josua 6,1)

Wie eine Blockade war diese Stadt bei der Landnahme Kanaans. Und nun erhält Josua einen doch sehr seltsamen Befehl: Er solle an sechs Tagen hintereinander mit seinem ganzen Heer jeweils einmal um die Stadt ziehen und sieben Priester sollten die »Lärmhörner« vor der Bundeslade tragen. Am siebten Tag sollten sie dann sieben Mal um die Stadt ziehen, und abschließend die Priester in die Lärmhörner blasen und das Heer in ein lautes Geschrei ausbrechen. Die uneinnehmbaren Mauern von Jericho würden dann von selbst in sich zusammenstürzen.

Auch in dieser Erzählung geht es um den Glauben, und es geht um *meine* Haltung: Wie gehe ich eine Sache, ein Problem an? Das Volk Israel erhält den Rat, gleich von Anfang an mit einem Triumphmarsch »wie ein Sieger« um die scheinbar uneinnehmbare Festung zu schreiten und nicht »wie ein Unglücklicher«. Auf diese Weise nehmen sie den Sieg gewissermaßen innerlich und äußerlich vorweg.

Und siehe da: Die Mauern geraten ins Wanken und stürzen ein!

Bei der Erzählung von Paulus und Silas werden nicht nur die äußeren Grundmauern des Gefängnisses erschüttert, sondern auch die Grundmauern und -überzeugungen des Gefängnisaufsehers: Anders als erwartet sind die ihm anbefohlenen Gefangenen nicht ihrem ganz normalen Reflex gefolgt und aus dem Gefängnis geflohen, sondern einfach da geblieben. Dass da Gefangene im geöffneten Knast sitzen und sich die Freiheit nehmen, da zu bleiben und sich um das Wohl des Gefängniswärters zu kümmern, bringt dessen Grundüberzeugungen ins Wanken.

Türen öffnen sich

Wenn ich mich selbst öffne, kann sich mein Gegenüber auch öffnen. Wenn ich Vertrauen wage, dann finden auch andere den Mut, Vertrauen zu wagen. Jemand, der selbst motiviert und positiv gestimmt ist, kann auch andere motivieren und positiv stimmen. Auf einmal ist dann vieles, was vorher nicht möglich schien, möglich und es öffnen sich Türen und neue Möglichkeiten, die vorher gar nicht absehbar waren.

Die Geschichte der Gewerkschaftsbewegungen ist voll von solchen überraschenden Erkenntnissen, denn wo man begonnen hatte, die Arbeitsbedingungen und das Mitspracherecht der Arbeiter zu verbessern, Angestellte besser zu behandeln und positiv zu stimmen, wurden Erfolgsgeschichten geschrieben und Türen geöffnet, weil die Qualität der Ergebnisse und die Produktivität der Mitarbeiter gesteigert werden konnten. Wenn ich in meiner Grundeinstellung positiv gestimmt bin, öffnen sich aber nicht nur Türen an meinem Arbeitsplatz, sondern auch in allen anderen Bereichen: in meiner Ehe, in meiner Familie, in meinem sozialen Umfeld. Meine Mitmenschen bekommen wieder Lust, mir zu begegnen und sich mir zu öffnen.

In der Erzählung von Paulus und Silas ist auch spannend, dass die beiden im Gefängnis verharren, obwohl sich scheinbar alle Türen geöffnet haben. Vielleicht haben sie gespürt, dass da eine noch viel wichtigere Tür aufgehen und ihrer Situation einen noch tieferen Sinn geben wird. Ich habe es immer wieder erlebt, dass es schwer ist zu akzeptieren, wenn Türen, die einmal weit offen standen, plötzlich verschlossen sind. Man steht vor dieser einen Tür, rüttelt heftig daran und steht dabei in der Gefahr, die vielen Türen, die sich woanders auftun, zu übersehen. Ich müsste nur bereit sein, meine Situation zu bejahen. Man ist versucht, dann ein Brecheisen herauszuholen und zu versuchen, die geschlossene Tür mit aller Gewalt zu öffnen. Aber das bringt erst recht nichts. Wenn wir versuchen, uns durch eine gewaltsam geöffnete Tür zu zwängen, sind wir erschöpft und uninspiriert. Wir sind misstrauisch, weil man ja weiß, dass man eigentlich nicht willkommen ist, und ahnt, dass man einen sehr schweren Weg vor sich hat, bei dem die Ablehnung und das Scheitern schon vorprogrammiert sind.

Obwohl Paulus und Silas nur verschlossene Türen vor sich hatten, bejahten sie ihre Situation und stimmten ein Loblied an. Von der kompletten Überraschung, dass auf einmal alle Türen, die vorher verschlossen waren, aufspringen, ließen sie sich erstaunlich wenig beeindrucken, denn es gab noch eine viel wichtigere Tür, berichtet die Geschichte: die Tür zum Herzen des Gefängnisaufsehers. Dieser wollte seinem Leben ein Ende bereiten, als er merkte, dass sein Zuständigkeitsbereich in Schutt und Asche gelegt war. Doch Paulus und Silas riefen ihm zu: »Tu dir nichts an, wir sind alle noch da!«

Dieses Ereignis erschüttert nicht nur die Grundmauern des Gefängnisses und der Insassen, wie oben beschrieben, es erschüttert auch die Grundüberzeugungen des Aufsehers so sehr, dass das Tor seines Herzens und seiner Seele mit einem Mal weit aufgestoßen wurde und die Frage aus ihm herausbrach: »Was muss ich tun, um gerettet zu werden?« Die Türen zu den Herzen der Menschen, mit denen wir zu tun haben, sind die wichtigsten Türen, die dann aufspringen, wenn sie mich als freien und offenen Menschen erleben.

Fesseln fallen ab

Erleichterung macht sich breit, wenn ich wirklich sagen kann: »Da, wo ich bin, da will ich sein!« Wenn ich dagegen gefangen bin in meiner Welt und nicht mehr fröhlich aus dem Fenster schauen kann, lege ich alle Mitmenschen, die mit mir zu tun haben, ebenfalls »in Ketten«. Wenn ich nur noch gehetzt und gestresst von einem Termin zum nächsten jage, ohne innezuhalten und wirklich da zu sein, wo ich bin, stresse ich auch alle anderen. Meine Ehe, meine Kinder und auch mein weiteres soziales Umfeld leidet mit.

Wenn ich Menschen beobachte, die auch im Urlaub am Frühstückstisch mit Laptop, Blackberry und Handy beschäftigt sind, während der Rest der Familie kuschen muss und gelangweilt und gefangen mit am Frühstückstisch sitzt, ist mir ganz unheimlich. Wohl dem, der es zumindest im Urlaub schafft zu sagen: »Da, wo ich bin, da will ich sein! Da will ich leben und aufatmen und nicht der Knecht moderner kommunikativer Fußfesseln sein.« – Womit wir wieder beim Thema »Gefängnis« wären.

Auch von dem Gefängnisaufseher in unserer Geschichte von Silas und Paulus fallen die Fesseln ab: Zunächst ist er unglaublich erleichtert, weil alle Gefangenen noch da sind. Er weiß jetzt, dass er seinem Leben kein Ende setzen muss. Er denkt sich: Wenn ich es aus welchen Gründen auch immer geschafft habe, dass trotz der Zerstörung des Gefängnisses alle Gefangenen dageblieben sind, dann eröffnen sich vielleicht neue berufliche Möglichkeiten für mich. Es öffnet sich für ihn eine erste Tür, durch die er aber gar nicht gehen möchte, weil er merkt, dass hier etwas viel Wichtigeres passiert. Er spürt, dass auf einmal die Tür seines Herzens aufspringt und er eine tiefe Sehnsucht nach erfülltem Leben empfindet. Deshalb stellt er die Frage: »Was muss ich tun, um gerettet zu werden? Was muss ich tun, um wirklich befreit zu werden? Ich möchte so frei sein, dass ich keine Angst mehr haben muss, selbst vor dem Tod nicht. Bitte macht mich frei!« Er begegnet der befreienden Botschaft Jesu und lässt sich taufen. In der Taufe fallen die Fesseln der Angst, der Schuld und des Todes ab.

Schließlich verstößt er gegen eine eherne Regel für Gefängnisaufseher: Keine privaten Kontakte zu Häftlingen! Es scheint, als wolle er das Geschehene noch einmal manifestieren, und geht gemeinsam mit den Gefangenen durch die geöffneten Türen des Gefängnisses. Die Grundmauern stürzen ein. Er öffnet die schützende Tür seines Privathauses, lädt Paulus und Silas zu sich ein und versorgt ihre Wunden. Die Fesseln seiner Angst sind wie weggepustet – er ist ein neuer, ein freier, ein anderer Mensch geworden!

Wo befinde ich mich?
Eine Standortbestimmung

Im Gegensatz zu Paulus und Silas haben die meisten von uns einen wesentlich komfortableren Ausgangspunkt als ein Gefängnis, und doch fühlt sich so mancher »gefangen« an dem Ort, an dem er oder sie »ist«. Die meisten Leserinnen und Leser dieses Buches dürften im deutschsprachigen Raum zu finden sein und damit in einer wohlhabenden und klimatisch noch relativ ausgewogenen Region dieser Erde leben. Außerdem leben wir in einer Demokratie und einem Rechtsstaat: Wir sind mehr oder weniger frei: Wir können frei wählen, uns frei bewegen, unseren Lebenspartner frei wählen. Wir können denken und glauben, was wir wollen, und uns auch öffentlich dazu äußern. Gemessen an der Mehrheit der Weltbevölkerung geht es uns paradiesisch gut und dennoch sind zum Beispiel wir Deutschen ein mürrisches Volk, immer am Rumnörgeln und Kritisieren. Es scheint, als wollten wir *nicht* da sein, wo wir sind. Aber stimmt das? Oder merken wir nur nicht mehr, wie gut es uns geht? Manchem würde es sicher guttun, einmal ganz woanders zu leben, um dankbar zu realisieren, was er oder sie hier eigentlich hat.

Der neue Rahmen

Der ganze Stolz eines Bauern war eine wunderbare Stute, mit der er täglich ausreiten, pflügen und Güter transportieren konnte. Eines Tages geschah es, dass sein Pferd einfach davonlief und niemand wusste, wo es war. Da kamen die Nachbarn zu dem Mann und bedauerten ihn: »Ach, du Armer, jetzt hast du kein Pferd mehr! Wie soll es nur weitergehen?« Der Bauer erwiderte: »Warum nennt ihr mich ›arm‹? Wer weiß, wofür es gut ist!«

Einige Tage später kam das entlaufene Pferd zurück und hatte noch einen wilden Hengst im Schlepptau. Und wieder einige Zeit später gebar das Pferd ein hübsches, kräftiges Fohlen. Darauf wollten die Nachbarn anstoßen und sich mit dem Bauern freuen. Sie riefen: »Mann, hast du ein Glück!« Doch der Bauer antwortete: »Wer weiß, wer weiß?«

Einige Tage später wollte der Sohn des Bauern den wilden Hengst zähmen und auf ihm reiten. Dabei fiel er vom Pferd und brach sich ein Bein. Das war mitten in der Erntezeit, und der Sohn wurde dringend auf dem Feld gebraucht. Wieder erschienen die Nachbarn: »Ach, du Armer, so ein Pech aber auch! Jetzt fehlt dir eine Arbeitskraft!« Der Bauer erwiderte: »Warum nennt ihr mich ›arm‹? Wer weiß, wofür es gut ist!«

In der Zwischenzeit war ein Krieg ausgebrochen und die Feldjäger der Armee kamen in den Ort, um die jungen Männer für die Armee zu rekrutieren. Den Sohn des Bauern ließen sie da, denn er war mit seinem gebrochenen Bein diesbezüglich nicht zu gebrauchen. Und wieder kamen die Nachbarn und riefen: »Was bist du nur für ein Glückspilz!« Der Bauer erwiderte jedoch: »Wer weiß, wer weiß?«

(Nach einer alten chinesischen Erzählung)

Von dem griechischen Philosophen Epikur kennen wir den Satz: »Alles, was gut, und alles, was schlecht ist, ist Sache der Wahrnehmung.« Das bedeutet: Es liegt an mir, wie ich einen Sachverhalt oder eine Situation beurteile. Genau das beschreibt diese Geschichte: In welchem Rahmen denke und beurteile ich ein Geschick oder eine Situation, die mir widerfährt? Bei den Nachbarn des Bauern hat man den Eindruck, sie sehen nur die momentane Situation, also nur einen kleinen Ausschnitt eines großen Gesamtgeschehens. Man könnte auch sagen: Sie nehmen das Geschehen nur in einem kleinen Rahmen, der nur einen kleinen Ausschnitt eines viel größeren Bildes erfasst, wahr. Der weise Bauer weiß hingegen, dass alles, was geschieht, in einem größeren Kontext passiert, als auf den ersten Blick erkennbar ist. Er ahnt, dass das Erlebte nur ein kleiner Ausschnitt eines viel größeren und umfassenderen Bildes sein kann. Deshalb ist seine Beurteilung der Situation so offen und vorsichtig.

Längst hat sich das sogenannte *Reframing* (engl. Neurahmung, Umdeutung) als Methode in der systemischen Psychotherapie etabliert. Das bekannteste Beispiel für *Reframing* ist die Frage, ob ich ein Glas als halb voll oder halb leer betrachte, ob ich also einen Sachverhalt positiv oder von vorne herein negativ beurteile. Und hier sind wir bei unserem Thema: In welchem Rahmen sehe ich meine augenblickliche Situation? Und welchen Rahmen gewinnt das Ganze, wenn ich bewusst sage: »Da, wo ich bin, da will ich sein!«? Dabei kann es hilfreich sein, das Gespräch mit anderen zu suchen, um zunächst herauszufinden, in welchem Rahmen ich mich überhaupt bewege.

> Eine junge Frau hatte die Diagnose einer unheilbaren Krankheit bekommen. Auch wenn sie aufgrund der modernen Medizin eine normale Lebenserwartung hatte, musste sie sich doch mit der Tatsache abfinden, dass sie wohl ihr Leben lang auf Medikamente angewiesen bleiben würde. Aufgrund dieser Mitteilung zog sie sich immer stärker zurück und sah sich als Opfer. Sie sah nur noch den kleinen Ausschnitt, ihre momentane Diagnose, und war nicht mehr in der Lage, etwas von dem viel größeren und schönen Gesamtbild ihres Lebens zu erfassen. Erst ein ausführliches Gespräch mit dem behandelnden Arzt öffnete ihr die Augen und ließ sie vom Opfer zu einer Kämpferin und Lebensreisenden werden.

In seinem Buch »Der Selbstentwickler« beschreibt der Psychotherapeut Jens Corssen, wie man dieses *Reframing* sehr wirkungsvoll im Arbeits- und Managementbereich einsetzen kann: »Wer jeden Morgen aufsteht und zur Arbeit geht, hat sich für das kleinere Übel entschieden – solange er nicht gefesselt dorthin geführt wird. Die Alternative heißt: liegen bleiben … Jeder kann in unserem Sozialstaat überleben, ohne zu arbeiten … Selbst unsere Familie stirbt nicht, wenn wir nicht für sie arbeiten. Wir können hier also durchaus auch ohne Arbeit überleben. Nicht so gut, und bestenfalls in Mehrbettzimmern und mit Erbsensuppe, aber wir können überleben.«[1] Das bedeutet: Sobald ich meine Aussage »Ich habe keine Lust, zur Arbeit zu gehen!« in einem größeren Rahmen höre und betrachte, werde ich feststellen, dass ich doch (lieber) zur Arbeit gehen möchte. Dazu Corssen: »Wer das Bewusstsein von Alternativen hat, will dort sein, wo er ist.«

> Mir wurde als Jugendlicher des Öfteren gesagt: »Das kannst du nicht!« – *Reframing* würde bedeuten, dass ich mir als Jugendlicher gesagt hätte: »Das kann ich *noch* nicht!« – also meine momentane Situation in einem viel größeren Rahmen gesehen hätte. So kann mir diese Methode im Gespräch mit anderen helfen, mein Leben, meine Familie, meine Gemeinde oder meinen Arbeitsplatz in einem positiven Licht zu sehen, zu bejahen und zu sagen: »Da, wo ich bin, da will ich sein!«

Reframing ist in unserem Alltag ganz selbstverständlich. Jeder gute Witz lebt von diesem Perspektivwechsel, vom Wechsel des Standpunkts und des Rahmens. Einige Beispiele:

> Treffen sich zwei Bekannte nach längerer Zeit wieder, sagt der eine zum andern: »Mit Brille siehst du älter aus!«, sagt der andere: »Wieso, ich trag doch gar keine Brille!«, daraufhin erwidert der andere: »Nein, du nicht, aber ich!«

Oder:

> Kommt ein Mann, der einen Frosch auf dem Kopf hat, zum Arzt. Sagt der Arzt: »Wie kann ich Ihnen helfen?« Daraufhin erwidert der Frosch: »Schauen Sie bitte, ich habe da was am Hintern!«

Und noch ein drittes Beispiel:

---

[1]   Jens Corssen, Der Selbstentwickler, Wiesbaden 2004, S. 41

Ein seit Langem verheiratetes Ehepaar ist in den Bergen zum Wandern unterwegs. Plötzlich kommen sie an der Winterschlafhöhle eines Bären vorbei. Der Bär wacht auf und kommt laut brüllend auf die beiden zugerannt. Daraufhin setzt sich der Mann hin und bindet seine Turnschuhe. Die Frau flippt aus: »Was soll das denn? Meinst du vielleicht, du bist mit Turnschuhen schneller als der Bär?« »Nein«, antwortet der Mann ruhig, »aber schneller als du!«

Alle drei Witze leben vom Perspektivwechsel bzw. davon, dass man einen anderen Rahmen anlegt. Als letztes, sehr bekanntes Beispiel für *Reframing* sei das berühmte Märchen der Gebrüder Grimm vom »Hans im Glück« erwähnt:

Das Märchen erzählt von einem Handwerksgesellen, der seinem Lehrmeister sieben Jahre lang treu gedient und jetzt ausgelernt hat. Hans will nun zurück zu seiner Mutter und fordert deshalb von seinem Herrn den Lohn. Dieser erweist sich als großzügig und gibt Hans einen Goldklumpen, der so groß wie sein Kopf ist (bei den heutigen Goldpreisen könnte sich Hans damit schon fast zur Ruhe setzen). Er wickelt den Schatz in ein Tuch, packt ihn auf seine Schulter und macht sich zu Fuß auf den Weg nach Hause. Mit der Zeit beginnt ihm jedoch der Goldklumpen auf die Schulter zu drücken. Hans muss eine unbequeme Haltung einnehmen und kann den Kopf nicht gerade halten. Da begegnet ihm ein Reiter, und Hans seufzt: »Ach, wie wäre das schön, so ein Pferd zu haben und leicht und locker wie auf einem Stuhl sitzend voranzukommen!« Der Reiter hört das und schlägt Hans einen Tausch vor: »Du bekommst mein Pferd, und ich nehme dir die Last dieses Goldklumpens ab!« Voller Freude, gerade so als könnte er sein Glück nicht fassen, willigt Hans in diesen Handel ein. Der Reiter gibt ihm noch den Tipp, dass er, wenn es mal schneller gehen sollte, doch einfach mit der Zunge schnalzen solle und dann würde das Pferd eine schnellere Gangart einlegen. Fröhlich zieht Hans weiter, doch als er mit der Zunge schnalzt, geht das Pferd durch und wirft ihn in den Straßengraben. Der aufgescheuchte Gaul wird von einem Bauern aufgehalten, der gerade seine Kuh auf die Weide treibt. Hans erblickt die Kuh und seufzt: »Was gäbe ich darum, so eine Kuh zu besitzen, dann hätte ich immer Butter, Milch und Käse!« Der Bauer hört das und erklärt sich bereit, Hans »den großen Gefallen« zu erweisen, die Kuh gegen das Pferd zu tauschen. Hans wiederum ist überglücklich und zieht mit seiner Kuh davon. Doch als er nach einiger Zeit die Kuh melken will und sich dabei ungeschickt anstellt, erhält er statt der ersehnten Milch nur einen kräftigen Tritt vor den Kopf, sodass er fast bewusstlos wird. Zufällig kommt da gerade ein Metzger vorbei, der ein junges Schwein dabeihat. Hans beklagt sich über die Kuh und liebäugelt mit dem Schwein des Metzgers. Dieser erklärt sich »ihm zuliebe« zum Tausch bereit und Hans zieht überglücklich mit einem »Gott lohn euch eure Freundschaft!« auf den Lippen mit dem kleinen Schwein weiter. Hans ist dabei auch rückblickend glücklich darüber, wie sich die Dinge jeweils nach seinem Wunsch fügen. Während er so fröhlich sinnierend weiter Richtung Heimat zieht, gesellt sich ein Bursche an seine Seite, der eine fette Gans in seinen Armen hält. Dieser beginnt nun Hans einzureden, dass das Schwein möglicherweise gestohlen sein könnte, und erklärt sich »großmütig« bereit, ihm aus der Patsche zu helfen, indem er mit ihm tauscht. Überglücklich zieht Hans mit Gans unterm Arm weiter und malt sich schon aus, wie diese als Braten wohl schmecken mag. Als er in ein Dorf kommt, hört er von ferne einen Scherenschleifer singen: »Ich schleife die Schere und drehe geschwind und hänge mein Mäntelchen nach dem Wind!« Hans ist ganz fasziniert von dem fröhlichen Schleifer – sie kommen ins Gespräch und Hans erzählt ihm von seinen »wunderbaren« Tauschgeschäften, wie er erst das Goldstück gegen das Pferd, dieses gegen die Kuh, diese gegen das Schwein und dies gegen die Gans getauscht habe. Der Schleifer merkt natürlich, dass er hier einen fürchterlichen Einfaltspinsel vor sich hat, und beginnt sein Handwerk zu preisen. »Wenn Ihr wollt, dass Ihr das Geld in der Tasche springen hört, dann müsst Ihr Schleifer werden!« Und er schafft es tatsächlich, Hans einen schadhaften Wetzstein im Tausch für die Gans anzudrehen. Zu allem Hohn hebt der Schleifer noch einen normalen Stein vom Boden auf und schenkt ihn Hans, so ganz nach dem Motto: »Schau wie großzügig ich bin, ich geb dir noch einen Stein dazu!« Von Hans hören wir, dass seine Augen vor Freude leuchteten, und man hört ihn sagen: »Alles, was ich wünsche, trifft mir ein, wie einem Sonntagskind!« Da er jedoch den ganzen Tag unterwegs gewesen ist, beginnt er allmählich müde zu werden und er spürt auch, dass die Last der Steine ihn drückt. Als er zu einem Brunnen kommt, legt er diese neben sich auf den Brunnenrand, um in Ruhe und ohne die drückende Last trinken zu können. Als er sich überbeugt, um Wasser zu schöpfen, stößt er aus Versehen an die Steine und sieht zu, wie diese tief in den Brunnen fallen. Da fällt er auf die Knie und dankt Gott mit Tränen in den Augen, dass dieser ihm die Gnade erwiesen habe, ihn von dieser Last zu befreien. »So glücklich wie ich«, entfährt es ihm, »gibt es keinen Menschen unter der Sonne!«

Dieses Märchen lebt vom *Reframing* und treibt die Aussage »Da, wo ich bin, da will ich sein!« geradezu ins Paradoxe. Es stehen einem ja die Haare zu Berge, wenn man dieses Märchen liest: Heilige Einfalt! Und doch wird uns in dieser alten Erzählung die Methode des *Reframing* als Schlüssel zum Glück präsentiert. In seinem Buch »Glücksgefühle« nimmt der Autor Fabian Vogt dieses Märchen als Grundlage und schreibt:»Könnte es sein, dass die Aufgabe eines Menschen nicht darin besteht, das Glück zu suchen, sondern darin, zu erkennen, dass es schon da ist? Der russische Dichter Fjodor Dostojewski war von dieser Idee fest überzeugt: ›Der Mensch ist unglücklich, weil er nicht weiß, dass er glücklich ist. Nur deshalb. Das ist alles. Wer das erkennt, der wird glücklich sein, sofort, im selben Augenblick.‹ … Jemand, der sich jeden Tag bewusst macht, wie viele Dinge es gibt, für die er dankbar sein kann, lebt ganz anders als jemand, der andauernd über die unschönen Aspekte des Daseins nachdenkt. Und solch eine positive Wahrnehmung der Welt muss man lernen! Auf jeden Fall sind wir mit diesem Wissen dem Geheimnis des Glücks schon dicht auf der Spur: Glück hat viel mehr mit der Lebenseinstellung als mit äußeren Umständen zu tun.«[2]

Das bedeutet nun nicht, dass man sich das Leben schöner reden sollte, als es ist. Es bedeutet auch nicht, dass es gut ist, sich über's Ohr hauen zu lassen. Hans im Glück stellt aber,

[2] Fabian Vogt, Glücksgefühle. Eine kleine Anleitung zum Glücklichsein, Lüdenscheid 2002, S. 39f.

ähnlich wie die Erzählung von Paulus und Silas im Gefängnis, unsere eigene Situation in einen neuen Rahmen: Wenn selbst so ein unglaublicher Einfaltspinsel wie dieser Hans es schafft, in seiner jeweiligen Situation immer und immer wieder nur das Beste zu erkennen, um wie viel mehr können wir es lernen, zurückzutreten, um das Gesamtbild anzuschauen und zu sagen: »Da, wo ich bin, da will ich sein!«

Meine Partnerschaft, meine Familie

Wenn zwei Menschen heiraten und sich das Versprechen geben, beieinander zu bleiben, bis der Tod sie scheidet, dann verkünden die beiden öffentlich: »Da, wo ich bin (nämlich bei dir!), da will ich sein!« Damit das aber auch gelingt, müssen beide Partner bereit sein, viel Kraft, Zeit und Nerven zu investieren, sonst zerbricht die Beziehung irgendwann.

Aus der freien Wirtschaft gibt es den Satz: »Wenn es von selbst läuft, geht es bergab!« Nichts ist so gefährlich für eine Ehe wie die Gewohnheit und die Selbstverständlichkeit. Dabei ist es zunächst einmal gar nicht so einfach, den richtigen Lebenspartner oder die richtige Lebenspartnerin zu finden. In unserem Freundes- und Bekanntenkreis mache ich die Beobachtung, dass deren Kinder (die mittlerweile zwischen 20 und 30 Jahre alt sind) große Probleme haben, den richtigen Partner zu finden und eine dauerhafte Liebesbeziehung einzugehen.

Wenn sich zwei Menschen tatsächlich gefunden haben, bedeutet das aber noch lange nicht, dass sie bereit sind, eine Familie zu gründen. Im Sommer 2011 verkündete das statistische Bundesamt in Wiesbaden, dass in Deutschland nur noch 16,5 Prozent aller Einwohner minderjährig, also unter 18 Jahren alt sei.[3] Damit sind wir in Europa das absolute

---

[3] vgl. StBA Wiesbaden, 05.08.11

Schlusslicht in Sachen Nachwuchs, Tendenz weiterhin fallend. In Frankreich liegt der Prozentsatz bei etwa 22 Prozent, in der Türkei sind es 32 Prozent und in Tansania sind sogar 40 Prozent der Bevölkerung unter 15 Jahre alt!

Ein Reporterteam startete in der Fußgängerzone einer Großstadt eine Umfrage, warum die Leute keine Kinder bekommen wollten. Eine Frau, so um die Mitte dreißig, sagte bedauernd, dass sie zwar gerne Kinder hätte, aber einfach nicht den richtigen Partner gefunden habe. Bei einem sympathisch wirkenden jungen Paar sagte der Mann klipp und klar: »Wir wollen lieber Skifahren und das Leben genießen und deshalb möchte ich keine Kinder. Meine Frau hätte zwar gerne Kinder, aber wir haben darüber gesprochen und das geklärt!« Die junge Frau, die daneben stand, sagte nichts, aber an ihren Augen konnte man ablesen, dass sie aus Liebe zu diesem Mann ihren sehnlichen Wunsch nach Kindern aufgegeben hatte. Als Reporter hätte ich dann doch nachgefragt: »Haben Sie schon einmal darüber nachgedacht, was passiert wäre, wenn Ihre Eltern genauso gedacht hätten wie Sie?«

Für mich ist so ein Egozentrismus, wie er in der Aussage dieses jungen Mannes deutlich wird, nur schwer nachvollziehbar. Ich kann nicht verstehen, wie Menschen, die Kinder bekommen könnten, an diesem Geschenk und Zentrum des Lebens völlig vorbeigehen. Der Philosoph Peter Sloterdijk hat einmal gesagt: »Ohne meine Tochter wäre mein Leben ein Irrtum!« Das ist natürlich eine extreme Aussage, aber jemand, der es nicht gewagt hat, in geordneten Verhältnissen Kinder in die Welt zu setzen, nur aus Angst, selbst zu kurz zu kommen, hat ein wesentliches Moment des menschlichen Lebens verpasst. Die Zeit mit unseren Kindern ist für mich bis heute die intensivste und schönste Lebenszeit. In keiner Phase meines Lebens habe ich so viel gelernt und so intensiv gelebt, wie in der Begegnung mit unseren beiden Kindern, diesen wunderbaren Menschen. »Wir wollen lieber Skifahren und das Leben genießen ...« –

Dieser Mann weiß nicht, was es ihn kostet und worauf er mit dieser Einstellung verzichtet.

Nach dem Motto »Zuerst ich, dann die anderen!« unterstützen Bücher wie »Die Egoistenbibel« von Josef Kirschner die zynische und wenig lebensweise Haltung: »Wenn jeder an sich selbst denkt, ist auch an alle gedacht.« Dabei teilt Kirschner die Menschen in drei Klassen ein: die Masse der Dummen, die Kaste der Schlauen und die Elite der Gescheiten – und macht keinen Hehl daraus, dass er sich der Elite zugehörig fühlt: »Schlaue reden den Dummen ein, sie müssten auf andere mehr Rücksicht nehmen als auf sich selbst. Nur die Gescheiten wissen, dass nichts in ihrem Leben wichtiger ist, als ihr eigenes Leben.«[4]

> Als wir vor einiger Zeit mit unseren Kindern im Auto unterwegs waren, begannen sie auf der Rückbank wieder einmal laut über den Sinn des Lebens zu philosophieren. Unsere Tochter Enya meinte, es sei ja gar nicht so einfach, den Sinn des Lebens zu erkennen. Daraufhin erwiderte unser Sohn Robin: »Das ist doch sonnenklar und vom Schöpfer festgelegt!« Verdutzt schaute ich in den Rückspiegel. »Wie meinst du das?«, fragte ich ihn. Darauf antwortete er: »Na ja, in der Bibel steht doch: ›Seid fruchtbar und vermehrt euch und kümmert euch um den Bestand der Erde!‹ Das ist zumindest *ein* wichtiger und klarer Grund, warum und wozu wir auf der Erde sind!« – sprach's und lehnte sich genüsslich zurück.

Wenn wir zu Beginn einer Ehe einander sagen: »Da, wo ich bin – nämlich bei dir –, da will ich sein!«, versprechen wir einander auch, dass wir bereit sind, an unserer Beziehung und Liebe zu arbeiten. Meine Frau und ich haben es zum Beispiel in den über 30 Jahren, die wir nun zusammen sind, lernen müssen, miteinander zu streiten und Konflikte auszutragen. Viele Probleme im Zusammenleben rühren ja daher, dass wir enttäuscht sind, wenn der andere unsere Erwartungen nicht erfüllt.

[4] Josef Kirschner, Die Egoistenbibel, München 2002, S. 172

Seit meine Frau und ich Kinder haben, hat es von Anfang an die Regelung gegeben, dass ich montags alleine für die Kinder zuständig sei. Zum einen wollte ich das, da ich nach einem Konzertwochenende ja wieder möglichst viel von unseren Kindern mitbekommen wollte, und zum anderen war es auch der Wunsch meiner Frau, denn für sie war der Montag und Dienstag durch ihre Arbeit als Psychotherapeutin belegt.

Allerdings war ich mir zunächst nicht der Tatsache bewusst, dass sie selbstverständlich von mir erwartete, dass ich mich an diesem Tag auch um den gesamten Haushalt kümmere: Ich sollte also dafür sorgen, dass mittags ein warmes Essen auf dem Tisch steht, alles Nötige (auch für das Abendessen) eingekauft wird, das Abendessen zubereitet und die Küche anschließend wieder sauber ist. Nichts anderes also, als wenn sie selbst mit den Kindern alleine ist – so ihre Erwartung. Darüber hatten wir damals allerdings nicht groß gesprochen.

Meine Vorstellung war vielmehr, dass ich mich in erster Linie um die Kinder kümmere und ihnen natürlich ein Mittagessen zubereite, aber ansonsten etwas Schönes mit den Kleinen unternehme. Manchmal kamen wir von diesen Unternehmungen erst nach Hause, als meine Frau schon längst da war. Eingekauft hatte ich nichts, denn wir hatten ja unterwegs eine Kleinigkeit gegessen, und in der Küche türmte sich (oft auch noch vom Sonntag) das Geschirr.

In solchen Fällen gerieten wir dann oft ziemlich aneinander und es brauchte seine Zeit, bis wir miteinander sortiert hatten, wer welche Erwartungen hatte. Dazu ist es notwendig, sich Zeit zum Reden zu nehmen, miteinander achtsam umzugehen und auch die nonverbalen Signale der Verstimmungen wahrzunehmen, sonst wird die Ehe sehr schnell ein Ort, an dem man nicht (mehr) sein möchte.

Über Erwartungen, die wir aneinander haben, müssen wir reden. Viele Missverständnisse entstehen dadurch, dass der eine vom anderen erwartet, er oder sie müsse doch merken, was los ist, und einem gewissermaßen die Bedürfnisse von den Augen ablesen. »Wenn er mich wirklich liebt, dann muss er doch spüren, dass ich mich nicht wohlfühle!« Muss er? Ich glaube eher nicht. Ich glaube vielmehr, beide müssen lernen, einander mitzuteilen, was sie sich wünschen und was sie voneinander erwarten. Dazu ist es jedoch nötig, sich regelmäßig Zeit zu nehmen, um miteinander zu reden. Viele Paare haben verlernt, wirklich miteinander zu reden, oder versäumt, das gemeinsame Gespräch einzuüben und einzuplanen.

Eine kleine Episode karikiert, was wir täglich erleben können: In einem Restaurant sitzen ein Mann und eine Frau und essen zu Abend. Sie bestellen die Getränke und das Essen. Sie prosten sich schweigend zu und beginnen das Mahl. Ansonsten schweigen sich die beiden die ganze Zeit mehr oder weniger an. Ab und zu fällt einmal eine kurze Bemerkung, die der andere mehr oder weniger kurzlautig kommentiert – in jedem Fall entsteht kein Gespräch. Es ist ganz offensichtlich: Die beiden haben sich nichts zu sagen. Als es ans Bezahlen geht, fragt die Bedienung: »Getrennt oder zusammen?« Darauf erwidert die Frau schnippisch: »Das geht Sie einen feuchten Kehricht an!«

Es gibt tatsächlich Paare, die sich nichts zu sagen haben und doch beieinanderbleiben. Man fragt sich: Warum? Ich kannte ein Ehepaar, das bewusst deshalb mit anderen in den Urlaub fuhr, weil sie sich gegenseitig nichts zu sagen hatten. Sie haben sich meistens einfach angeschwiegen oder nur Belangloses beziehungsweise organisatorisch Notwendiges miteinander ausgetauscht. Mit dem mitreisenden Paar konnten sie dann bei Tisch und wo auch immer wunderbar kommunizieren – doch niemals miteinander. Wen wundert es, dass diese Ehe auseinanderging: Wer sich nicht auseinandersetzt, *geht* irgendwann auseinander.

Als Rosi und ich ganz frisch Eltern waren, versuchten wir es eine Zeit lang, uns jede Woche einen Abend freizunehmen, essen zu gehen und miteinander zu reden. Das war lebensnotwendig, denn im turbulenten Kleinkind-Familienalltag blieb die interne Kommunikation zwischen Mann und Frau oft auf der Strecke. Noch heute passiert es uns im Urlaub regelmäßig, dass wir am dritten oder vierten Tag Streit bekommen, meist deshalb, weil ich mich anders verhalte, als meine Frau sich das vorstellt: Ich kann wunderbar für mich und vor mich hintrödeln und brauche erst einmal niemanden um mich herum. Rosi möchte dagegen für mein Gefühl schon sehr bald nach unserer Ankunft gemeinsam auf Entdeckungstour gehen und Dinge erleben, was ja letztlich auch gut so ist.

Und noch etwas muss man lernen, wenn man in einer Ehe »da sein (und bleiben) will, wo man ist«: Man muss lernen, richtig zu streiten, im Konflikt auch einmal etwas stehen zu lassen und dann vor allem auch, über seinen Schatten zu springen und zu vergeben. Nichts ist tödlicher für eine Beziehung als ein Streitpunkt, der dem anderen immer und immer wieder genüsslich unter die Nase gerieben wird.

Wir mussten es auch lernen, Streit zu riskieren, um aus der Sprachlosigkeit auszubrechen. Aber so ein Streit muss fair ausgetragen werden, und Floskeln wie: »Du hast noch nie …« oder »Immer machst du dies und jenes …« oder »Nie kannst du zuhören …« oder »Dein Problem war schon immer …« sind zu vermeiden, denn sie verschärfen einen Streit unnötig und holen alte Leichen aus dem Keller. Mit diesen Floskeln drücken wir auf ganz bestimmte Knöpfe, die den anderen hochgehen lassen und die dafür sorgen, dass unser Gegenüber die Luken dicht macht und ebenso mit einer Floskel reagiert: »Mit dir kann man eben nicht reden!«, »Mit dir konnte man ja noch nie reden!« Sparen Sie sich das, schlucken Sie es runter, denn es bringt nichts und wirft uns zurück in die Sprachlosigkeit.

Und irgendwann, wenn alle Argumente und aller Groll vielleicht zum Teil auch lautstark ausgetauscht wurden, muss man in der Lage sein, das Ganze einfach einmal stehen zu lassen, denn eines ist klar: Zu einem Konflikt gehören immer zwei Seiten und recht haben wollen beide. Ich habe manchmal den Eindruck, dass die Leute lieber ersticken, als ihre Rechthaberei aufzugeben. Mancher mag sich dann bis zum Herzinfarkt hineinsteigern in die Tatsache, dass er »im

Recht« ist, und dann steht dann vielleicht einmal auf dem Grabstein: »Er hatte recht!«

Wenn man es geschafft hat, die konträren Meinungen in einem Konflikt einfach erst einmal stehen zu lassen, wenn gewissermaßen »Waffenstillstand« herrscht, muss man auch die Fähigkeit entwickeln, den Streit am nächsten Tag nicht gleich wieder aufleben zu lassen: »Was ich übrigens zu gestern noch sagen wollte …« – und schon geht es wieder um das Rechthaben und letztendlich um Macht. Das ist für eine Beziehung tödlich. Wenn man das Konfliktthema noch einmal ansprechen möchte oder muss, dann darf das auf keinen Fall deshalb geschehen, um recht zu bekommen, sondern um versöhnlich seinen eigenen Anteil an einem Missverständnis einzuräumen, einseitig abzurüsten und so einen Weg zur Versöhnung und zur Lösung des Problems vorzuspuren.

Immer am Limit

Als ich vor vielen Jahren meine erste Langspielplatte aufnahm, lernte ich ein junges Paar kennen, die zusammen ein kleines Grafikstudio unterhielten. Das waren zwei quicklebendige, weltoffene und unglaublich kreative Menschen. Ständig hatten sie Augen und Ohren offen für Neues, für Trends – Design, das spürte man sofort, war ihr Leben. Dieses bemerkenswerte Paar gestaltete für mich meine ersten Schallplatten-Cover mit einer unglaublichen Hingabe und Sorgfalt. Sie wussten genau, was sie wollten. Sie wählten meine Klamotten aus, die ich auf den Fotos tragen sollte. Sie besorgten Accessoires und gingen mit mir im zarten Alter von 21 Jahren in ein professionelles Fotostudio, in dem zu meinem Erstaunen ca. 400 Fotos gemacht wurden. Einmal strichen sie sogar ihre Wohnzimmerwand in Quietschgelb, nur um einen geeigneten Hintergrund für meine Coveraufnahmen zu bekommen. Es hat lange gedauert, bis sie das Gelb wieder überstrichen.

Ein anderes Mal hatten sie die Idee, dass ich bei den Fotoaufnahmen auf einer weißen Gartenbank sitzen sollte. Kurzerhand fuhren sie in ein Möbelhaus und kauften eine wunderschöne, weiße Gartenbank. Die Fotos wurden gemacht und anschließend brachten die beiden die Gartenbank wieder zurück und ließen sich das Geld zurückgeben. Während Manuela (Name geändert) sich ganz dem freien Atelier widmete, war Tobias (Name geändert) noch bei einem großen Verlag als Designer angestellt.

Je länger ich die beiden kannte, desto mehr spürte ich, vor allem bei Tobias, eine große Unruhe: Er stand ständig unter Strom, immer den neusten Trends auf der Spur, immer schick gekleidet, und er rauchte praktisch ununterbrochen. Dieses Grafikgeschäft war auch deshalb sehr stressig, weil die meisten Aufträge, Entwürfe und Reinzeichnungen erst auf den allerletzten Drücker per Nachtbote auf den Weg gebracht werden konnten. Ich habe schon so manches Mal die Luft angehalten, wenn ich mitbekam, unter welchem Druck die beiden mitunter arbeiteten. Und noch heute bekomme ich Herzschmerzen, wenn ich mich daran erinnere.

Eines Tages wechselte Tobias zu einer der angesagtesten Werbeagenturen in Deutschland – Wow, schon allein der Name der Agentur flößte einem damals Respekt ein: »Kreativdirektor bei XY«. Doch mit dem Aufstieg wuchs auch der Druck: Nun hatte die Arbeit bei dem neuen, renommierten Arbeitgeber absolute Priorität und für das kleine gemeinsame Atelier blieb immer weniger Zeit. Immer häufiger war Manuela allein mit den Aufträgen, alleine in ihren Räumen und allein zu Hause. Tobias gehörte jetzt zum Jetset, sein Name wurde erwähnt, er gewann Preise und stieg immer höher auf.

Nun galt es natürlich auch privat nachzuziehen: Eine Eigentumswohnung in Hamburgs bester Lage wurde gekauft und viel Geld in einen schicken Oldtimer investiert. Doch für die Beziehung der beiden blieb immer weniger Zeit und eines Tages verließ Tobias seine Manuela. Sprachlos, ohne eine Begründung war und blieb er plötzlich fort. Die Arbeit und die Firma waren nun seine Familie und dort lernte er dann auch eine junge Praktikantin kennen. Die beiden verliebten sich und heirateten.

Doch die Spirale drehte sich weiter: Schon bei der Hochzeit wurde ein nagelneuer edler Jaguar angeschafft und als Gäste war die Hamburger Schickeria eingeladen. Tobias änderte sein Leben nicht. Er wechselte in eine andere, ebenfalls sehr renommierte Firma und irgendwann gründete er seine eigene Agentur, wiederum nun in Hamburgs bester Lage. Für seine junge Frau und die beiden Kinder hatte er weniger Zeit denn je, er war immer gehetzt, immer auf der Jagd nach Ideen und Aufträgen und auch der Lebensstandard war hoch angesiedelt und musste erhalten bleiben.

Als ich ihn einmal zusammen mit seiner wirklich sehr schönen und jugendlichen Frau in einem Café wiedersah, war ich total erschrocken: Er war um Jahre gealtert, rauchte immer noch wie ein Schlot und stand sichtlich unter Termindruck. Seine neue Frau Jasmin (Name geändert) bat mich eindringlich, mit ihm zu reden, dass er sich mehr Zeit nehmen und auch einmal mit der Familie einen richtigen Urlaub machen solle. Doch auf diesem Ohr war Tobias taub. Da sagte ich den leider prophetischen Satz: »Tobias, wer schneller lebt, ist auch schneller fertig!« Wir haben uns dann längere Zeit aus den Augen verloren.

Eines Tages erhielt ich zwischen Weihnachten und Silvester einen Anruf von Jasmin. Mit tränenerstickter Stimme sagte sie: »Vor drei Tagen ist Tobias gestorben!« Wie gelähmt stand ich da und sofort fiel mir der Satz ein, den ich mehr oder weniger salopp bei unserer letzten Begegnung gesagt hatte: »Wer schneller lebt, ist auch schneller fertig!« Tobias war doch gerade erst 50 Jahre alt. Er hatte, so erfuhr ich, ziemliche Probleme mit dem Darm und sich gewissermaßen »zwischen Tür und Angel« einer schweren, aber doch routinemäßigen Operation unterzogen. Offensichtlich war er aber so ausgepowert und am Ende seiner Kräfte, dass sein Körper den Eingriff nicht verkraftete und Tobias letztendlich an einer Entzündung verstarb.

Jasmin bat mich, die Beerdigung auf dem Hamburger Hauptfriedhof zu gestalten. Das habe ich gerne getan, gewissermaßen auch als letzten Freundschaftsdienst an einem Menschen, der mich vor allem in der Anfangszeit meiner Liedermacherkarriere sehr beeindruckt und kreativ beeinflusst hat. Vor mir sah ich Jasmin und die Kinder, enge Freunde und Verwandte. Mir war richtig elend zumute. Am liebsten hätte ich gar nichts gesagt und einfach nur mit den Hinterbliebenen geweint. Doch dann sah ich etwa 50 weitere Personen, bestens gekleidet, wohl aus der Hamburger Grafik-High-Society. Da dachte ich an die »grauen Männer« von Momo, die nur leben konnten, wenn sie »Zeit« verrauchten. Und ich dachte: ›Na, wer von euch wird denn wohl der Nächste sein, den der Druck und die Anspannung wegfegt?‹ Meine Ansprache hatte nun, neben den trostvoll-seelsorgerlichen Worten für Jasmin und die Kinder, eine ganz einfache Grundaussage: »Da, wo Tobias jetzt ist, wollte er nicht sein, zumindest jetzt noch nicht! Überschlagt also die Kosten und greift dem Rad des »Immer schneller und immer höher« in die Speichen, damit es euch nicht so geht wie Tobias. Lehre uns, Herr, zu bedenken, dass wir sterben müssen, damit wir klug werden!« – Da, wo ich bin, da will ich sein!

Auf der Grenze

»Auf der Grenze ist der Ort der eigentlichen Erkenntnis«, hat der Theologe Paul Tillich einmal gesagt. Dieser Satz begleitet mich seit meiner Ausbildung zum Pfarrer. Menschen, die keine Angst vor Grenzen haben, sind Menschen, die der Freiheit auf der Spur sind, denn sie sind neugierig, gierig, begierig auf das Neue, haben Lust, Fremdes zu erkunden und an sich heranzulassen. Daran scheitert doch der multikulturelle Gedanke, dass wir immer nur das Eigene und nur selten das Fremde betrachten wollen. Es ist einfacher und bequemer, sich auf gewohntem Terrain zu bewegen und sich mit Klischees und Vorurteilen andersartige Menschen und Kulturen vom Leib zu halten.

Dabei ist es viel spannender, sich ab und zu auch einmal auf ganz Neues und Ungewohntes einzulassen. Diese Erfahrung könnte man sehr einfach bei einem Urlaub im Ausland machen. Doch viele Hotels in den typischen Urlauberparadiesen werben damit, dass man dort auch deutsche Küche und deutsches Bier bekommt – gerade so, als gäbe es für den deutschen Urlauber nichts Schlimmeres, als dass er der einheimischen Küche zum Opfer fällt. In Wirklichkeit ist oft das genaue Gegenteil der Fall: Nur wenn man sich tatsächlich auf die einheimische Kultur und Küche einlässt, wird man reicher an Erfahrungen und Begegnungen. Dazu kann es mitunter notwendig sein, dass man die gewohnten Touristenpfade verlässt und einmal darauf achtet, wo sich die Einheimischen aufhalten, wo sie sitzen und speisen. Oft kann man dort die sehr viel interessanteren Dinge entdecken und lernen als in den 08/15-Angeboten des Pauschaltourismus.

Noch spannender ist es, wenn man zum Beispiel mit einer Gemeindegruppe eine Partnergemeinde in Afrika, Indien oder Lateinamerika besucht, sich auf eine Privatunterkunft einlässt und einfach einmal eintaucht in das wirkliche Leben vor Ort. Eigentlich übernachte ich ja ungern privat, denn dazu bin ich einfach viel zu viel auf Reisen und muss in fremden Betten schlafen. Aber auf meinen Projektreisen für die *Christoffel Blindenmission* (CBM), deren »musikalischer Botschafter« ich seit vielen Jahren bin, hatte ich oft Gelegenheit, hinter die Kulissen eines Landes zu schauen, und wurde immer privat und sehr herzlich empfangen. Ich konnte die Kulturen und Gebräuche ganz anders kennenlernen, weil man mir tiefe Einblicke in die Lebenssituationen der Menschen vor Ort gewährte. Das war ungemein spannend und bereichernd. Ich war nur zehn Tage in Indien, aber mein Herz ist voller Farben und Bilder aus dieser Zeit.

Vor etlichen Jahren habe ich die beiden Aktivisten für Menschenrechte Christina Haverkamp und Rüdiger Nehberg kennengelernt. Die beiden Überlebensspezialisten machten Anfang der Neunzigerjahre besonders auf sich aufmerksam, als sie mit einem selbst gebauten Floß den Atlantik überquerten und im Rahmen der 500-Jahr-Feier Amerikas gegen den Genozid an den amerikanischen Ureinwohnern protestierten. Bei dieser Fahrt gerieten sie in einen heftigen Sturm und waren tagelang verschollen. Die größte deutsche Boulevardzeitung verfolgte das Ganze aufgeregt und mit großen Schlagzeilen.

Ich habe selten einen Menschen getroffen, der so sehr die Grenze und die Grenzüberschreitung suchte wie Rüdiger Nehberg. Da sind zum einen bis zum heutigen Tage die eigenen physischen Grenzen, die Nehberg immer wieder mit Survival-Trainings austestet. Und da sind die vielen gefährlichen Grenzen, an die man gerät, wenn man sich im wilden

Urwald des Amazonas aussetzen lässt, um beispielsweise mit den Yanomami-Indianern in Kontakt zu kommen. Dieser Mann kennt keine Angst und deshalb legte er sich mit den Goldgräbern an, die das Leben der Indianer bedrohten und zerstörten. Deshalb überquerte er allein auf einem Einbaum den Ozean und deshalb legte er sich aus Protest gegen die Beschneidung von kleinen Mädchen mit den Mullahs und geistigen Führern der arabischen Welt an.

Als ich Christina und Rüdiger das erste Mal traf, spürte ich sofort: Hier sind zwei Menschen, die haben viel mehr gewagt als alle anderen. Da sind zwei, die sich beherzt, voller Liebe und Begeisterung für das Leben engagierten und dabei mitunter ihr eigenes Leben aufs Spiel setzten. Es ist inspirierend und absolut belebend, solchen Menschen zu begegnen und trotzdem von ihnen zu hören: »Da, wo ich bin, da will ich sein!«

Als Jugendlicher habe ich viele Jahre an der deutsch-deutschen Grenze gelebt, die 1989 mit dem Fall der Mauer aufgehoben wurde. Dieses Leben an der Grenze hatte etwas Bedrückendes, wenn man es sich bewusst machte: Damals, Anfang der Sechzigerjahre, wurden ja ganze Ortschaften einfach in der Mitte zerteilt und für manche Bewohner damit die Hälfte ihrer sozialen Kontakte gekappt. Außerdem hatte das Leben »an der Grenze« von da an etwas »Hinterwäldlerisches«, denn man hatte ja buchstäblich »ein Brett vor dem Kopf«. Viele, vor allem junge Leute zogen weg aus dieser Region, denn sie bot ja kaum Zukunftsperspektiven und war nur nach Westen hin offen.

Damals gab es den sogenannten kleinen Grenzverkehr, das heißt, man bekam als Bewohner des »Zonenrandgebiets« relativ einfach ein Tagesvisum und durfte grenznahe Städte wie Meiningen besuchen. Hierfür musste man jedoch ein gewisses Kontingent an D-Mark in Ostmark umtauschen, weil die DDR scharf auf die Devisen war. Da es aber »drüben« für uns Jugendliche nicht allzu viel Interessantes zu kaufen gab, versorgten wir uns in erster Linie mit Büchern und Schallplatten, zum Beispiel von Gerhard Schöne, der ab Mitte der Achtzigerjahre auch bei uns im Westen als Geheimtipp gehandelt wurde. Diese Grenzerfahrung gehörte damals zu unserem Alltag. Von wegen: »Hinterm Horizont geht's weiter …« – hinterm Horizont kam der Todesstreifen und die Selbstschussanlagen eines diktatorischen Regimes. Wie gut, dass diese Zeit endgültig vorbei ist!

In unserer grenzenlosen Welt müssen Eltern heute allerdings lernen, dass es gut und wichtig ist, den eigenen Kindern Grenzen zu setzen.

Ich habe es bei meiner eigenen Tochter erfahren, als ich ihr gutmütig, fröhlich und frei einen Wunsch nach dem anderen erfüllt habe, doch die paradoxe Situation entstand, dass sie dabei immer unzufriedener wurde. Da habe ich erst bemerkt, dass sie mich austesten und schauen wollte, wann (endlich) der Zeitpunkt erreicht wäre, an dem ich ein klares »Nein« sage:

Wir waren im Kino, dort gab es Popcorn und etwas zu trinken, dann gingen wir shoppen und ich kaufte meiner Tochter einen heiß ersehnten Comic. Anschließend spielten wir Minigolf und schließlich aßen wir noch Pizza. Auf dem Weg nach Hause fuhren wir bei einer Eisdiele vorbei und fläzten uns zu guter Letzt vor den Fernseher.

All das hatte ich gerne mitgemacht und auch Freude dabei. Aber als ich dann vorschlug: »So, jetzt machen wir den Fernseher aus. Wir können ja noch ein Spiel spielen, aber dann geht es ins Bett!«, erwiderte sie: »Aber, da kommt doch gleich die neueste Folge von XXX, die muss ich unbedingt sehen! Bitte, Papa, bitte, bitte!« Ich antwortete: »Nein, wir haben heute so viel Schönes unternommen und erlebt, jetzt ist genug!« Auf einmal zählte der ganze Tag nichts mehr und es ging nur noch um die eine Frage, ob sie sich durchsetzen könne oder nicht. Es war aber gut, dass ich diese Grenze gesetzt habe, denn ich wollte selbst Feierabend machen und ich war der Meinung, dass der Tag genügend Höhepunkte für meine Tochter hatte. Außerdem hatte ich bemerkt, dass meine Tochter mit jedem neuen Angebot hibbeliger und letztendlich auch unzufriedener wurde.

Eltern, die es nicht schaffen, ihren Kindern klare Grenzen zu setzen, werden es langfristig mit sehr anstrengendem Nachwuchs zu tun haben. Die Auseinandersetzungen mit den pubertierenden Kindern werden viel schwieriger sein, denn sie werden dann mit Recht fragen: »Warum redest du mir auf einmal rein? Dich hat es doch früher auch nicht interessiert, was ich mache!« Eltern, die ihren Kindern keine klaren Grenzen vorgeben, stehlen sich aus der Verantwortung, die sie als Erwachsene für ihre Kinder haben, und die Kinder werten dieses Signal als Interesselosigkeit. Das ist fatal!

Menschen, die Grenzen überschreiten, müssen auf viele Signale achten. Sie müssen ihre eigenen Ängste und ihre Intuition ernst nehmen und auf die Signale von außen achten, sonst kann die mögliche Erfahrung von Freiheit sehr schnell umkippen in die Erfahrung von Beklemmung und Befangenheit. Rüdiger Nehberg erzählte mir, dass er bei seiner ersten Begegnung mit den Yanomami-Indianern eine Mundharmonika dabeihatte. Und während er durch den Urwald stapfte, spielte er ständig auf diesem Instrument. Er wollte die Indianer neugierig machen und, als sie ihm dann plötzlich gegenüberstanden, signalisieren: »Ich bin ein Freund. Ich trage keine Waffen und komme in friedlicher Absicht. Deshalb mache ich für euch Musik!« Die Yanomami schienen diese Universalsprache des ehemaligen Hamburger Konditors verstanden zu haben, denn sie luden ihn trotz seiner Grenzüberschreitung ein, und sie wurden Freunde.

Auf der Grenze will ich stehen,
mittendrin im Horizont,
in Gedanken dorthin gehen,
wo die Morgensonne wohnt.
Mit den Beinen will ich stehen,
fest bei dir im Jetzt und Hier,
doch mein Herz muss weiter sehen,
weil ich sonst den Traum verlier.

Auf der Grenze will ich warten
und will nicht zufrieden sein,
denn ich warte, um zu starten
in fremdes Terrain hinein.
Warte, um beherzt zu springen
über meinen Schattenrand
und um kraftvoll vorzudringen
in ein unbekanntes Land.

Auf der Grenze will ich singen
von dir, Gott, und von dir, Welt,
Lieder, die nach außen dringen,
Lieder meiner Innenwelt.
Zwischen Angst und zwischen Mut,
zwischen Tod und Leben
singe ich aus Trost und Wut,
sing ich auf der Grenze eben.

Auf der Grenze will ich glauben,
weil ich dort die andern seh,
die vielleicht was andres glauben.
Ich will lernen zu verstehn,
dass die Liebe Gründe findet,
über Grenzen wegzusehn,
dass sie Mauern überwindet,
wo wir Stacheldrähte ziehn.

Nikolaikirche, Leipzig

Nikolaikirche Leipzig: Wer diesen Namen hört, wird hell-
hörig. Aus den regelmäßigen Montagsgebeten für Gerechtigkeit, Frieden und Bewahrung der Schöpfung wuchs bis
Ende der Achtzigerjahre eine große Bewegung, die friedlich
gegen das DDR-Regime protestierte. Die Montagsdemons-
trationen begannen immer mit dem Friedensgebet in dieser
großen, schönen Kirche und später mit dem Ruf »Keine
Gewalt!« Der Protest sollte im Geist Jesu friedlich bleiben.

In der Zeit vom 7. bis 9. Oktober 1989 war die Lage in Leipzig so angespannt, dass man mit einer gewaltsamen Beendigung der wöchentlichen Friedensdemonstrationen seitens der Regierung rechnete. Als am 9. Oktober schließlich rund 70 000 Menschen friedlich und mit Kerzen von der Nikolaikirche aus durch die Stadt zogen, war dies der Beginn von dem, was als »Friedliche Revolution« in die Geschichtsbücher einging und schließlich zum Fall der Berliner Mauer und zum Ende des DDR-Regimes führte. Inspiriert durch die Ereignisse rund um die Nikolaikirche entstand der sehr eindrückliche Dokumentarspielfilm »Nikolaikirche«, an dessen Ende der leitende Polizeioffizier jenen denkwürdigen Satz sagt: »Wir waren auf alles vorbereitet, nur nicht auf Kerzen und Gebete.«

Anlässlich eines Konzertes, das meine Musiker und ich in dieser geschichtsträchtigen Nikolaikirche geben durften, hatte ich die große Freude, mich mit ihrem ehemaligen Pfarrer, Christian Führer, zu treffen. Wir verabredeten uns eine gute Stunde vor dem Konzert am Hauptportal der Kirche. Als ich ein wenig verspätet ankam, sah ich einen nicht allzu großen weißhaarigen Herrn in Jeansweste und Freizeitkleidung, der aufmerksam das Geschehen vor der Kirche beobachtete. Das also war der Mann, vor dem das DDR-Regime so sehr erzitterte, dass auf ihn schon Stasi-Spitzel angesetzt wurden, als er noch evangelischer Pfarrer in einem kleinen Dorf war. Am Ende waren es insgesamt 28, wie er mir später schmunzelnd erzählte. Führer war eine Lichtgestalt auch für uns Christen im Westen. Er ist einer, der seinem Herzen gehorcht und seinen Glauben »vom Altar auf die Straße« bringt, wie er selbst einmal gesagt hat. Ende der Achtziger-, Anfang der Neunzigerjahre war dieser Mann für mich als Vikar und angehenden Pfarrer sehr wichtig, denn er zeigte mir: Es ist möglich, dass Kirche auch heute noch die Gesellschaft grundlegend verändern und zum Guten beeinflussen kann: Die Bergpredigt ist nicht nur hehre Theorie, sondern auch ein ethischer und spiritueller »Fahrplan für Christen«.

Wir begrüßten uns und setzten uns an einen Tisch der »Alten Nikolaischule«, einem Restaurant auf dem Nikolaiplatz, links vor dem alten Pfarrhaus. Alles hier atmet Zeitgeschichte, auch das Pfarrhaus, in dem viele, die damals von der Stasi verhaftet werden sollten, Zuflucht finden konnten. »Das Pfarrhaus und die Kirche haben die Uniformierten eigenartigerweise stets respektiert und nie betreten«, erzählte Christian Führer. Über den beiden Eingangstüren sind je ein Bibelvers eingemeißelt, die im Kontext der friedlichen Revolution noch einmal eine ganz besondere Bedeutung bekamen: »Des Herrn Wort bleibet in Ewigkeit, das ist aber das Wort, welches unter euch verkündigt wird« (1. Petrus 1,25). Das DDR-Regime war ja angetreten, die Kirchen nach und nach auszutrocknen und irgendwann ganz abzuschaffen. Dieser Vers hielt trotzig dagegen und verwies die SED-Ideologie auf das Bänkchen der Vergänglichkeit. Dass das Wort des Herrn weiter verkündigt und auf einmal mehr und mehr in Anspruch genommen wurde, musste den Atheisten ein absoluter Dorn im Auge gewesen sein. Über der anderen Tür steht: »Der Gerechte wird des Glaubens leben, wer aber weichen wird, an dem wird meine Seele kein Gefallen haben« (Hebräer 10,38). Dieser Spruch ist einem Regime ins Stammbuch geschrieben, das nicht gerecht war, in dem keine Meinungsfreiheit galt und in dem die Menschenrechte mit Füßen getreten wurden. Er wurde aber auch all jenen zugerufen, die dabei waren »zu weichen«, nur noch wegwollten und auf diesen Staat keinen Pfifferling mehr gaben.

Pfarrer Führer erzählt, dass eine Kirchenvorstandssitzung den Beginn der Bewegung markiert, auf der beschlossen wurde, die Friedensdekade 1981 mit zehn Friedensgebeten in der Nikolaikirche einzuführen. Den Abschluss dieser im Nachhinein denkwürdigen Sitzung bildete am späten Abend des 18. November ein Friedensgebet mit Kreuzmeditation. Es kamen etwa 130 meist junge Leute. Die meisten hatten ganz offensichtlich schon sehr lange nicht mehr oder noch nie eine Kirche betreten.

Die bunt gemischte Gruppe versammelte sich nun im Altarraum der Kirche um ein selbst gezimmertes, großes Holzkreuz, das auf dem Boden lag. Daneben stand ein Korb mit Haushaltskerzen. Das Holzkreuz steht auch heute noch im Altarraum. Pfarrer Führer wies damals auf dieses Kreuz auf dem Boden und sagte zu den jungen Menschen, die sich offensichtlich dem Staat nicht anpassen wollten: »Nun wollen wir doch einmal sehen, wer heute auf's Kreuz gelegt wird – wo das geschieht und mit wem das passiert. Wer dazu etwas sagen möchte, kann eine Kerze anzünden.« Er rechnete dabei mit sieben, vielleicht acht Kerzen.

Doch es kam Bewegung in die Gruppe und praktisch jeder und jede wollte eine Kerze anzünden. So wuchs aus dem schlichten Holzkreuz ein leuchtendes Kreuz, ein Auferstehungskreuz. Die Jugendlichen wollten gar nicht mehr weg. Endlich gab es einen Raum in ihrer Heimatstadt, in dem sie nicht reglementiert wurden. Ein Raum, in dem sie offen zum Ausdruck bringen durften, was sie bewegte und bedrängte – das gab es sonst nirgendwo, das war nur noch in der Kirche möglich.

»Da, wo ich bin, da will ich sein! Ich will endlich einmal so sein dürfen, wie ich bin!« Diese Sehnsucht konnte Christian Führer ganz deutlich in den Augen der versammelten Menschen lesen. Wie schön, dass nun die Kirche solch ein Ort sein durfte. Mit einem »*Dona nobis pacem*«, das wohl eher einem »Gottesgebrüll« glich, ging dieser Abend weit nach Mitternacht zu Ende. Ein Abend der Befreiung in einer wunderbaren Atmosphäre. Ab diesem Zeitpunkt wurde diese Kirche ein Treff- und Sammelpunkt für all jene, die mit dem SED-Staat unzufrieden waren. Für Menschen, die bleiben wollten, wo sie waren, aber nur dann, wenn sich wirklich etwas ändern würde. »Offen für alle«, das steht noch heute außen an der Nikolaikirche – und es stimmt bis heute.

»Viele haben mich angesprochen und für meinen Mut bewundert!«, erzählte mir Christian Führer, »aber ich bin eigentlich gar kein mutiger Mensch. Ich lebe nur aus dem Glauben an Jesus Christus. Und wer seinem Herrn vertraut und losgeht, der bekommt den Mut geschenkt. Viele beklagen sich, dass sie im Glauben keine Erfahrungen machen, aber wer nicht bereit ist, zu vertrauen und loszugehen, wird auch keine Erfahrungen machen. Es war uns immer wichtig zu fragen: Wie würde Jesus handeln? Und daraus ergab sich alles andere!«

Und dann sagt er so einfache Sätze wie: »Egal, wie schlecht eine Situation sein mag, wir haben immer eine Alternative und die heißt Jesus!« »Wenn das irgendein Schwärmer sagt, klingt das komisch«, fügte er schmunzelnd hinzu, »aber wir haben hier diese Geschichte mit der Nikolaikirche und dem 9. Oktober 1989 erlebt. Wir haben hier den historischen Beweis, dass es stimmt!« Ein wenig sprachlos sitze ich diesem quirligen Mann gegenüber, der mir mit leuchtenden Augen das Geschenk macht, mich mit hineinzunehmen in die wundersamen Ereignisse von damals.

Zwischen der hinteren Nebentür und dem Pfarrhaus ist eine Bronzetafel mit der Inschrift »9. Oktober 1989« in den Boden eingelassen und darüber sieht man lauter Fußabdrücke: Stöckelschuhe, Sandalen, Turnschuhe und andere. Bei diesem Anblick fiel mir ein Lied ein, das ich 1987 geschrieben hatte und von dem ich wusste, dass es bereits zu DDR-Zeiten auch dort in den Gemeinden weit verbreitet war:

Schritte wagen im Vertraun auf einen guten Weg,
Schritte wagen im Vertraun, dass letztlich er mich trägt,
Schritte wagen, weil im Aufbruch ich nur sehen kann:
für mein Leben gibt es einen Plan.

Und dann in einem der Verse:

> Schritte kann man manchmal hören,
> Kindertrippeln, Stöckelschuh,
> Gleichschrittschritte, die mich stören,
> Schritte kommen auf mich zu.

Auf den Satz: »Da, wo ich bin, da will ich sein!« angesprochen, erwiderte Pfarrer Führer: »Ja, das stimmt: Da, wo ich bin, da will ich sein! Weil ich ja auch weiß, dass Gott mich dahingestellt hat. Das galt übrigens auch für die DDR: Ich oder besser gesagt: wir wollten hierbleiben, weil hier unser Platz war!« Und dann erzählt er von den vielen, die in den Achtzigerjahren Ausreiseanträge gestellt hatten und nur noch eines wollten: Nichts wie weg! Das wurde immer schlimmer und so gab es ab Mitte der Achtzigerjahre eine Gegenbewegung: »Wir bleiben hier!« Auch diese Bewegung floss in die Friedensgebete mit ein.

Als dann am 9. Oktober 1989 die 70 000 Menschen durch die Straßen Leipzigs zogen, wurden die Volkspolizisten, die in Massen aufmarschiert waren, von den Demonstrierenden verbal angegangen: »Für wen steht ihr eigentlich hier? Wen sollt ihr denn schützen? Die paar Greise in Berlin oder das Volk? – Wir sind das Volk!« – »Wir sind das Volk!«, eine Aussage, die angesichts von 70 000 Demonstranten nicht zu leugnen war.

Und noch ein anderer Ruf hielt die etwa 15 000 bereitstehenden Polizisten davon ab, loszuschlagen. Es war ein Ruf, der sowohl für die Demonstrierenden als auch für die Sicherheitskräfte gedacht war: »Keine Gewalt!« In diesen beiden Worten war die Bergpredigt Jesu auf den Punkt gebracht. Und die Menschen haben das nicht nur gedacht oder gerufen, sondern aus der Kirche mit auf die Straße genommen. Das »Wunder von Leipzig« bestand darin, dass es tatsächlich keine Gewalt gab. Wie leicht hätten ein paar (angeheuerte) Randalierer die Atmosphäre kippen können! Dann hätte der Staat wohl in seiner ganzen Härte zugeschlagen. Die Situation am Abend des 9. Oktober war lebensgefährlich. Alle Beteiligten riskierten ihr Leben, und in den Krankenhäusern waren die Ärzte bereits angewiesen worden, Bettenkapazitäten freizuhalten für Menschen mit Schussverletzungen. Aufgrund ihrer Gewaltlosigkeit im Geist Jesu war die friedliche Revolution von Leipzig ein Wunder biblischen Ausmaßes.

»Und der Humor ist wichtig, besonders in Zeiten der Angst und Ausweglosigkeit«, ergänzt Pfarrer Führer. Als man sich an besagtem Tag zum Montagsgebet in der Nikolaikirche versammelte, hatte die Stasi 700 Leute in die Kirche geschleust, um das Ganze zu untergraben. Da begrüßte Führer die versammelte Gemeinde mit dem Satz: »Mit Sicherheit sind wir mehr als 2000 Personen heute Abend in dieser Kirche!« Die Gemeinde prustete los, ob dieser genialen Doppeldeutigkeit, nur die Stasi-Mitarbeiter lächelten nicht und enttarnten sich damit selber.

Da der Platz in der Nikolaikirche bei Weitem nicht ausreichte, wurden die anderen Kirchengemeinden gebeten ihre Kirchen zu öffnen und so fanden sich etwa 6000 Menschen zu den Montagsgebeten in den verschiedenen Kirchen ein. »Haben tatsächlich alle Kirchengemeinden mitgemacht?«, fragte ich. »Gab es nicht seit jeher und bis heute eine Rivalität zur Thomaskirche?« An dieser Stelle zögerte Christian Führer. Ich hatte wohl einen Punkt angesprochen, von dem er nicht so gerne erzählte. »Naja, der damalige Pfarrer der Thomaskirche hatte es zunächst strikt abgelehnt ›seine Kirche‹ zu öffnen. Wir würden ein gefährliches Spiel mit dem Feuer betreiben, argumentierte er, das könne nur blutig enden, was ja auch unsere größte Angst war. Er wurde jedoch von seinem Kirchenvorstand einstimmig überstimmt, sodass auch die Thomaskirche geöffnet wurde.«

Darin sieht Pfarrer Führer einen großen Unterschied zwischen Politikern und Pfarrern: Ein Politiker müsse immer abwägen und unterschiedliche Interessen mit einfließen lassen. Zum Schluss kämen dann oft faule Kompromisse heraus. Ein Pfarrer oder ein Mensch, der seinem Herzen folgt und sich vom Glauben leiten lässt, achtet dagegen nicht darauf, ob das jetzt »politisch korrekt« ist oder nicht, sondern er folgt vielmehr der Frage: »Was würde Jesus dazu sagen?« Es gehe nicht an, dass die Kirche innen anders auftrete als außen. Die Bewegung müsse immer »vom Altar auf die Straße« gehen, denn Beten und Handeln, innen und außen, Altar und Straße gehören zusammen. Umso unerträglicher findet Führer es, wenn die Kirche Jesu versucht, alles »politisch korrekt« abzuwägen und irgendwann so weichgespült daherkommt, dass das Evangelium nicht mehr erkennbar ist.

Politisch korrekt

Du warst nie »politisch korrekt«,
du hast Tote wieder auferweckt,
du hast zu Kranken dich gewagt
und hast sie dann zunächst befragt:
»Willst du gesund nun werden?
Nimmst du«, die Frage war,
»frei von deinen Beschwerden,
dann auch dein Leben wahr?«

Du warst nie »politisch korrekt«,
du hast die Fehler aufgedeckt,
du nahmst in Kauf so manchen Streit,
um Wahrheit und Gerechtigkeit.
Eine Frau war fremdgegangen,
da setztest du dich ein
und fragtest unbefangen:
»Wer wirft den ersten Stein?«

Du warst nie »politisch korrekt«,
und wir agieren wie geleckt,
vermeiden jedes falsche Wort
weichspülen alle Kanten fort.

Doch dein Kreuz hat raue Flächen,
ist mit Blut befleckt,
»Gott erleidet unsre Schwächen«
ist »politisch nicht korrekt«.

Du warst nie »politisch korrekt«,
du hast provoziert, bist angeeckt,
du warst der Wahrheit auf der Spur
und wolltest dabei eines nur:
Mit uns ein Leben teilen,
das wahre Liebe kennt,
und unsre Wunden heilen,
du, den man Heiland nennt.

Erst der kleine Finger …

Frau F. hatte mit Kirche eigentlich nicht viel am Hut. Zumindest war sie keine eifrige Kirchgängerin und auch ihr Gatte war zwar gerne Kirchenmitglied, wollte aber ansonsten nicht allzu viel »mit der Sache« zu tun haben. »Das sei etwas für später«, hörte man ihn ab und zu sagen. Dass aber ihr 13-jähriger Sohn Malte konfirmiert werden sollte, stand für die ganze Familie außerfrage. Schon allein der Geschenke wegen musste auch Malte nicht groß überzeugt werden, schließlich spekulierte er auch auf einen neuen Computer mit großem Flachbildschirm und einer neuen Spielkonsole.

Gleich beim ersten Konfirmanden-Elternabend fiel Frau F. dem Pfarrer angenehm auf, denn sie kam etwas früher und fragte, ob sie vielleicht irgendetwas helfen könnte. Für sie war das selbstverständlich, aus dem Tennisverein und dem *Lionsclub* wusste sie, dass es immer irgendetwas zu tun gab, wenn Veranstaltungen anberaumt wurden. Beim Elternabend selbst tauchte die Frage auf, wer sich von den Eltern vorstellen könnte, den Konfirmandenunterricht seines Kindes in der Weise aktiv zu begleiten, dass man hin und wieder bei den Konfistunden dabei sei. Frau F. fand das eine großartige Idee, schließlich wollte sie ja mitbekommen, was ihr Sprössling da so lernte, und sicher konnte es auch nicht schaden, sich auch selbst einmal ein »*Update*« des eigenen Glaubens zu gönnen. Also meldete sie sich –

praktisch als Einzige, wie sie mit Erstaunen feststellte. Doch nun war die Hand schon nach oben geschnellt, und die dankbar leuchtenden Augen des Pfarrers signalisierten klar und deutlich: Hier gab es kein Zurück.

Aus der gelegentlichen Begleitung des Konfirmandenunterrichts wurde sehr schnell eine wöchentliche Begleitung mit zusätzlichen regelmäßigen Treffen in einem Vorbereitungsteam. Schon bald gehörte Frau F. zum Kreis der engsten ehrenamtlichen Mitarbeiterinnen und Mitarbeiter der Kirchengemeinde. Natürlich fuhr sie auch mit auf die Konfifreizeit, selbstverständlich bereitete sie die Konfirmationsgottesdienste mit vor – und als Malte längst schon konfirmiert war, fand sie sich wieder als Mitarbeiterin im nächsten Konfijahrgang, als Kuchenspenderin beim Gemeindefest, als Mitglied eines Hauskreises und Vermittlerin im Kindergartenausschuss.

Bei der Installation der Tafel und der Vorbereitung eines missionarischen Gemeindeprojekts war ihre Mitwirkung bereits unverzichtbar: »Du hast doch so viel Erfahrung und kennst praktisch jeden!«, hörte sie immer wieder – und fühlte sich ja auch geschmeichelt. Geschmeichelt auch, als sie bei der nächsten anstehenden Kirchenvorstandswahl vom Pfarrer beiseitegenommen und mit bedeutungsvoller Miene gefragt wurde, ob sie sich vorstellen könne, für den Kirchenvorstand zu kandidieren. Die Kirche bräuchte Menschen wie sie, schob er noch beschwörend nach.

Heute ist Frau F. Vorsitzende des Kirchenvorstandes und Vorsitzende des Diakonieausschusses, Mitglied im Förderverein, Gemeindechor und in einem Hauskreis, auch im Sternstundenbegrüßungsteam arbeitet sie ebenso ehrenamtlich mit wie bei der inzwischen florierenden Tafel. Lediglich ihre Mitarbeit beim Konfibegleitungsteam konnte sie schweren Herzens abgeben, nachdem eine junge Konfirmandenmutter sich mit leuchtenden Augen und spontan auf die Frage des Pfarrers gemeldet hatte, wer denn bereit sei, »hin und wieder« einmal den Konfirmandenunterricht zu begleiten ...

»Erst der kleine Finger, dann die ganze Hand!« – Es gibt Millionen von Ehrenamtlichen bei Vereinen und Kirchen, die davon ein Lied singen könnten. Und besonders die Kirche scheut sich nicht, ihren Schäflein mit jeder Menge Bibel-zitate ein selbstloses Engagement gewissermaßen rund um die Uhr ans Herz zu legen: »Was ihr einem dieser Gering-sten getan habt, das habt ihr mir getan …« zum Beispiel oder: »Die Ernte ist groß, wo sind die Arbeiter?« oder »Ein jeder diene der Gemeinde mit seiner Gabe…«. Und so ge-schieht es immer wieder, dass sich einige Wenige permanent engagieren, natürlich auch, weil sie wollen, dass in ihrer Gemeinde etwas geschieht – und es gibt das große Heer derer, die sich nicht engagieren, aber jede Menge Vorschläge parat haben, was Kirche denn noch alles tun könnte.

Aus der ursprünglichen Freiheit: »Da, wo ich bin, da will ich sein!«, mit der ich mich für eine Sache entschieden habe, wird auf einmal ein Zwang. Auf einmal sind da ganz viele Termine. Ich sitze, eh ich mich versehe, in zahllosen Aus-schüssen und Gremien und frage mich dann in einer lichten Stunde: »Was mache ich hier eigentlich? Bin ich eigentlich blöd? Was habe ich davon, dass ich mich hier so engagiere?« Wenn ich in einer solchen Stimmung dann auch noch von anderen angegangen werde, ist das Maß schnell voll und ich bin geneigt, den ganzen Krempel einfach hinzuschmeißen.

Für Menschen, denen es so geht, wird im Neuen Testa-ment die Geschichte von Maria und Marta erzählt:

Als sie aber weiterzogen, kam er [Jesus] in ein Dorf. Da war eine Frau mit Namen Marta, die nahm ihn auf. Und sie hatte eine Schwester, die hieß Maria; die setzte sich dem Herrn zu Füßen und hörte seiner Rede zu. Marta aber machte sich viel zu schaf-fen, ihm zu dienen. Und sie trat hinzu und sprach: Herr, fragst du nicht danach, dass mich meine Schwester lässt allein dienen? Sage ihr doch, dass sie mir helfen soll!
Der Herr aber antwortete und sprach zu ihr: Marta, Marta, du hast viel Sorge und Mühe. Eins aber ist Not. Maria hat das gute Teil erwählt; das soll nicht von ihr genommen werden.
(Lukas 10,38–42)

Marta, Maria und ihr Bruder Lazarus waren so etwas wie Freunde für Jesus. Es waren wohl Menschen, bei denen er privat sein und sich zurückziehen konnte. Beide waren engagierte Frauen und genossen es, Jesus bei sich zu haben. Doch die beiden verhalten sich ihm gegenüber sehr unterschiedlich: Marta war wohl die Bestimmende, diejenige, die den Haushalt organisierte. Kein Wunder also, dass sie vollauf damit beschäftigt war, dafür zu sorgen, dass sich der besondere Gast auch besonders wohlfühlen könne. Bestimmt hatte sie mit ihrer Schwester Maria im Vorfeld die nötigen Vorbereitungen getroffen und genau abgesprochen, welche Handgriffe noch zu tun seien, wenn Jesus da sei. Aber was machte Maria, als Jesus kam? Sie ließ alles stehen und liegen, setzte sich Jesus zu Füßen (das war die Position der Schüler gegenüber einem Lehrer und Meister) und hatte nur noch Augen und Ohren für ihn.

Wir alle kennen doch die Situation, dass wir bei Freunden eingeladen sind und plötzlich alleine im Wohnzimmer sitzen. Aus den verschiedenen Ecken des Hauses tönt ein »Wir sind gleich bei euch!«, weil die Gastgeber es nicht geschafft haben, rechtzeitig mit den Vorbereitungen fertig zu werden. Ich finde das eine etwas eigenartige Situation, bei der man sich schnell zu der Frage verpflichtet fühlt: »Können wir was helfen?« Viel schöner ist es doch, wenn sich zumindest einer der Gastgeber zu einem setzt, während der oder die andere die letzten Vorbereitungen trifft. Genau das tut Maria: Sie widmet sich voll und ganz dem Gast und ist damit eigentlich sehr höflich. Aber sie ist noch etwas ganz anderes: Sie ist frei! Sie nimmt sich die Freiheit, alles stehen und liegen zu lassen, obwohl sie weiß, dass Marta von ihr etwas anderes erwartet.

Zugegeben, es ist eine Freiheit auf Kosten der Marta, und ich kann mir genau vorstellen, wie das abgelaufen ist: Da sitzen Jesus und Maria zusammen, haben intensive Gespräche und Marta zieht immer wieder an ihnen vorüber, um hier noch eine Schüssel zu platzieren und da noch eine Tischdecke aufzulegen. Und je öfter sie an den beiden vorüberzieht, desto aufgebrachter wird sie. Vielleicht versucht sie zwischendurch Maria Signale zu geben, so nach dem Motto: »Maria, wir hatten doch besprochen, dass wir gemeinsam …«, aber Maria hat nur Augen für Jesus. Schließlich platzt der resoluten Marta der Kragen. Sie baut sich vor Jesus auf und beschwert sich bitter bei ihm: »Herr, fragst du nicht danach, dass mich meine Schwester allein dienen lässt? Sage ihr doch, dass sie mir helfen soll!«

Wäre ich Jesus gewesen, hätte ich erst einmal gesagt: »Entschuldige Marta, aber wie sprichst du eigentlich mit mir?« Ich wäre überrascht und erstaunt gewesen, weil ich ja gedacht hätte, ich sei ein gern gesehener Gast. Die Situation zeigt aber, dass Marta und Jesus offensichtlich sehr vertraut gewesen sein müssen, denn sonst hätte sich Marta nicht die Freiheit genommen, ihn so anzufahren. Dieser Dialog mit Jesus spiegelt jedoch auch die Situation vieler Menschen wider, die sich in Kirchen und Vereinen ehrenamtlich engagieren: Sie tragen mehr oder weniger intensiv die Frage mit sich herum: »Wer fragt nach mir? Wo bleibe ich? Was habe ich davon, dass ich solch einen Einsatz zeige?« Oft werden diese Fragen aber nur verbittert und hinter vorgehaltener Hand gestellt.

Es gibt so viele Menschen, die Gutes tun, die *mir* Gutes tun. Viel zu selten halte ich inne, schaue diesen Menschen ins Gesicht und sage ihnen einfach: »Du tust mir gut. Du sorgst dafür, dass mein Leben gelingen kann! Danke! Wenn ich etwas für dich tun kann, gib mir Bescheid, ich tue das gerne!« Ich habe als Pfarrer an so manchem Grab gestanden, die vielen Blumen und Kränze bewundert und mir gedacht: »Hätte dieser Mensch zu Lebzeiten solche Wertschätzung erfahren, dann wäre manches sicher ganz anders gelaufen!«

Doch Marta frisst ihren Frust nicht in sich hinein – sie wäre eine gute Vereinsvorsitzende oder Parteivorsitzende, die ganz klar signalisiert: »Nur, wenn alle mithelfen, kann die Arbeit gelingen. Nur dann kann etwas Gutes und Schönes entstehen.« »Team« ist nicht die Abkürzung für: »Toll, ein anderer macht's!« Auch Marta ist frei und selbstbewusst. Und da sie Maria offensichtlich mit ihren Äußerungen nicht direkt erreicht, wählt sie den Weg über Jesus. Man kann auch sagen: Sie versucht die Worte Jesu zu missbrauchen, um Maria mitzuteilen, was *sie selbst* möchte.

Auch das kann man in kirchlichen Kreisen wunderbar studieren: Wenn den Hauptamtlichen die Sachargumente ausgehen, warum Leute sich noch mehr in der Kirche engagieren sollten, greifen sie zum Wort Gottes und kommen mit Bibelzitaten und frommen Sprüchen, um vielleicht auf diese Weise Gehör bei der verstockten Gemeinde zu finden. Jemand hat einmal gesagt: »Die Kirche zu erneuern, ist etwa so schwierig wie einen Friedhof umzubetten, denn es mangelt an Mitarbeit von unten!«

Wir sehen also, der Trick ist sehr alt und in einem bestimmten Ausmaß auch sicher legitim, denn Jesus verurteilt Marta ja nicht, im Gegenteil, er zeigt sehr viel Verständnis:

Der Herr aber antwortete und sprach zu ihr: Marta, Marta, du hast viel Sorge und Mühe. Eins aber ist Not. Maria hat das gute Teil erwählt; das soll nicht von ihr genommen werden.
(Lukas 10,41f.)

Eine tiefe Wertschätzung spricht aus dieser Antwort. Marta ist ein Mensch, der es sich nicht einfach macht. Sie ist eine Frau, die nachts nicht schlafen kann aus Sorge um die Zukunft. Sie macht sich Sorgen um die Geschwister und ist sich nicht zu schade, dafür zu arbeiten und zu rackern, dass sich die Sorgen in Hoffnung auf eine gute Zukunft verwandeln. Und doch ist sie letztendlich eine Gefangene in ihrer Welt, denn sie kann zumindest in dieser Situation nicht unterscheiden zwischen »Nötig« und »Unnötig«. Es gibt diese Momente, in denen wir einmal fünfe grade sein lassen müssen, um unserer selbst willen.

Es ist lebensnotwendig, dass wir dabei keine Schuldgefühle haben (müssen) und uns auch von anderen keine Schuldgefühle einreden lassen. Marta versucht, Maria ein schlechtes Gewissen zu machen: »Wie kannst du so faul herumsitzen, während ich mich hier abrackere?« Ähnliche Vorwürfe, auch uns selbst gegenüber, kennen wir: »Wie kannst du in Urlaub fahren, wo es mir doch gerade so schlecht geht?«, hörte eine Frau, die ihre Schwiegermutter über Jahre aufopfernd pflegte, immer gerade dann, wenn sie sich einmal etwas gönnen wollte. Immer dann ging es der Schwiegermutter besonders schlecht.

»Heute sündige ich aber wieder!«, sagt die beleibte Dame im Café und lädt sich das zweite Tortenstück auf. Auch wenn die besagte Dame das vielleicht mit einem Augenzwinkern formuliert hat, steckt doch die Wahrheit dahinter, dass wir oft, wenn wir uns etwas gönnen, scheinbar irgendwie Schuldgefühle haben.

In jedem Gottesdienst beten wir: »Und vergib uns unsere Schuld …« Wir werden schuldig, ob wir es wollen oder nicht. Paulus schreibt in seinem Brief an die Römer: »Das Gute, das ich tun will, das tue ich nicht, sondern das Böse, das ich nicht will, das tue ich« (Römer 7,19). Also gehört die Schuld, die Sünde zu unserem Menschsein dazu. Wenn ich ins Auto steige und zur Arbeit fahre, verpeste ich die Umwelt und werde schuldig. Wenn ich im Supermarkt billig einkaufe, werde ich schuldig an den Produzenten, die in der Einen Welt oft viel zu wenig an den Produkten verdienen. Wenn ich in Aktien investiere, mache ich mich schuldig und werde ein Teil des maroden und habgierigen Weltwirtschaftssystems. Als Einwohner eines Industrielandes mache ich mich schuldig, weil ich nicht dafür sorge, dass der Reichtum gerecht auf alle Menschen verteilt wird. Ich kann in dieser Welt gar nicht leben, ohne permanent an irgendjemandem oder irgendetwas schuldig zu werden.

Wohl aus diesem Grund hat der Reformator Martin Luther einmal gesagt: »Sündige tapfer!« Das bedeutet nicht: »Nun aber munter drauflos gesündigt!«, sondern: »Ertrage die Tatsache, dass du schuldig wirst, mit Mut und Verantwortung! Lebe damit!« Das bedeutet aber auch: »Mach dich nicht fertig! Lerne, dir deine Freiräume ohne besondere Schuldgefühle zu nehmen.« Dabei spielt das Wörtchen »eigentlich« eine wichtige Rolle: »Eigentlich müsste ich noch die Bügelwäsche fertig machen. Eigentlich muss ich noch die Steuererklärung ausfüllen. Eigentlich müssten wir einmal wieder den Opa besuchen«, und so weiter. Vielleicht sollten wir uns vornehmen, dasjenige, was wir tun, bewusst ohne schlechtes Gewissen zu machen, indem wir auch hier sagen: »Da, wo ich bin, da will ich sein!«

Es gibt Momente der Not, in denen wir merken: »Im Grunde müssten wir jetzt etwas ganz anderes machen!« Aber wir haben oder nehmen uns nicht die Freiheit, den Weg, der die Not wenden würde, einzuschlagen (vielleicht auch, weil wir oft erst im Nachhinein gemerkt haben, dass Not geherrscht hat). Ein Beispiel, bei dem das sofort einleuchtet, finden wir bei der Begleitung von Sterbenden. Hier sind oft ganz andere Dinge notwendig, als der medizinische Aktionsplan vorschreibt. Hier ist es oft ganz einfach notwendig, dass jemand da ist, Zeit hat und die Hand des Sterbenden hält. Oft fliehen wir mit unserem Aktionismus einfach vor dem, was eigentlich gut und nötig wäre.

Eine junge Frau musste in ihrer Ausbildung zur Altenpflegerin immer wieder die Schimpfkanonaden ihrer Vorgesetzten und der anderen Altenpfleger über sich ergehen lassen. Weil sie spürte, dass die Menschen, die sie zu betreuen hatte, oft fünf Minuten mehr Zuwendung brauchten, als es der 08/15-Versorgungsplan vorsah, hat sie sich die notwendige Zeit genommen. Die Freiheit, so zu handeln, hat sie mit regelmäßigem Ärger teuer erkauft – und doch war es ihre Freiheit, die Freiheit der Maria, die sich die Entrüstung und den Ärger der Engagierten einhandelt.

Jesus sagt: »Maria hat das gute Teil erwählt, das soll ihr nicht genommen werden!« Nur ein Mensch, der frei ist, kann wählen. Jesus sagt im Grunde: »Maria ist ein freier Mensch. Sie spürt und lebt diese Freiheit und das soll, das darf ihr (um unserer aller willen) nicht genommen werden. Wenn wir das Verhalten der Maria infrage stellen, bringen wir uns selbst in Gefahr!«

Für das »Mariakonzept«, für mein Recht und meine Freiheit, aufzutanken, nach mir zu schauen und etwas für mich zu tun, steht auch der Sonntag. Gerade in einer terminverplanten Welt, in der scheinbar alles durch die Brille der Effizienz und Gewinnmaximierung gesehen wird, brauchen wir dieses »Mariakonzept«: ein Plädoyer für jene emotionale Intelligenz, die bei allem, was es zweifellos immer und überall zu tun gibt, auch innezuhalten und zu spüren vermag, was wirklich notwendig und »dran« ist.

Beim ehrenamtlichen Engagement müssen wir spüren können, dass auch unser eigenes Leben durch unser Engagement und die Nähe Jesu bereichert wird. Dazu gehört die Freiheit, »Nein« zu sagen, wenn uns zu viel zugemutet werden soll, und uns auch Ruhezeiten zu gönnen. Ebenso wichtig ist es, Wertschätzung durch Hauptamtliche und Verantwortliche in Kirche und Vereinen zu erleben. Wenn wir uns in der christlichen Gemeinde engagieren, muss uns immer auch die Möglichkeit gegeben werden, die wohltuende und heilsame Stimme Jesu zu hören und aufzunehmen. Das sollte den Unterschied ausmachen zu allen sonstigen Ehrenämtern in unserer Gesellschaft. Und wo all das erfahrbar ist, werden sich auch in Zukunft Menschen finden lassen, die sich ehrenamtlich mit Freude engagieren, denn sie tun etwas für andere, aber auch für sich selbst.

Schlecht für das Geschäft!

Eine Gemeinde hat sich dazu entschlossen, sich von ihrem Pfarrer zu trennen. Dieser hat sich daraufhin in einer anderen Gemeinde beworben und hält nun in seiner alten Gemeinde einen letzten Gottesdienst. Nach seinem Eindruck gelingt ihm eine flammende Predigt, die sogar von einigen mit Applaus beantwortet wird. In den Applaus hinein hört er, wie einige rufen: »Hierbleiben!« Nach dem Gottesdienst wendet er sich jovial lächelnd an seinen alten Kirchenvorstand: »Seht ihr: Jetzt, da ich euch verlasse, ruft ihr: ›Hierbleiben!‹« Daraufhin erwidern die Kirchenvorsteher: »Das waren nicht wir. Von uns hat das keiner gerufen. Das waren die Leute aus deiner neuen Gemeinde!«

Der liebe Kollege, der mir diesen Witz erzählte, ist Pfarrer in der Lüneburger Heide. Seine Gemeinde befindet sich inmitten von Bundeswehrübungsplätzen und Panzerringstraßen. Der größte Arbeitgeber in dieser Region ist die Firma *Rheinmetall*, die vor allem Panzer und Panzergranaten herstellt. Sehr bewusst wurde die Kirche, in der er Pfarrer ist, bereits lange vor seiner Zeit »Friedenskirche« genannt. Man wollte als evangelische Kirche ein Zeichen setzen: Auch eine Region, in der die Waffen eine solch große Rolle spielen, darf das Ziel von Bewaffnung – nämlich den Erhalt des Friedens – nicht aus den Augen verlieren.

Ein Kleinod im Altarraum dieses Gotteshauses ist ein etwa 50 Zentimeter großes Messingkreuz. Bei genauerer Betrachtung stellt man fest, dass dieses Kruzifix kunstfertig aus einer Panzergranate gefertigt wurde – eine moderne Umsetzung des alten Micha-Zitats »Schwerter zu Pflugscharen!«.

Die eindeutige Friedenshaltung dieser Kirchengemeinde ist in der Region umstritten. Eines Tages trat ein Mann aus der Kirche aus, von dem man wusste, dass seine Frau in der Gemeinde sehr engagiert war. Auch der Mann selbst war früher Kirchenvorsteher gewesen. Als der Gemeindepfarrer nachfragte, warum ausgerechnet er aus der Kirche ausgetreten sei, antwortete dieser: »Das kann ich dir genau sagen: Das hängt mit dem Gottesdienst zusammen, den du an Heiligabend gehalten hast. Da hast du für den Weltfrieden gebetet, aber das ist nicht gut für unser Geschäft und unsere Arbeitsplätze bei Rheinmetall!« Fassungslos schaute der Seelsorger den Mann an: »Wenn du wirklich so denkst, dann war es wohl wirklich besser, dass du aus der Kirche ausgetreten bist. So eine Einstellung passt nicht zu dem Mann am Kreuz!«

Besagte Region ist auch ein beliebter Ort für bundesweite Treffen von Neonazis. Auch in diesem Zusammenhang beziehen der Gemeindepastor und seine Schäfchen eine eindeutige Position: Null Toleranz für Nazis! Als diese ein Schulungszentrum in unmittelbarer Nachbarschaft errichten wollten, wurde wochenlang demonstriert und Mahnwache gehalten. Mit Erfolg: Das Zentrum wurde nicht eingerichtet.

So viel Engagement bleibt natürlich nicht ohne Folgen und so passierte es schon einmal, dass ein Schlägertrupp vor dem Pfarrhaus aufmarschierte, gegen die Haustür trat und »Juden raus!« grölte. Es kostet etwas, in solch einer Atmosphäre einen eindeutig friedfertigen Standpunkt zu vertreten. Doch gerade in Deutschland, einem Land, in dem die meisten unserer unmittelbaren Vorfahren nicht den Mut aufbrachten, sich gegen Hitler und seinen Faschismus aufzulehnen, ist diese »Null-Toleranz-Haltung« gegenüber Neonazis erste Christenpflicht. Wie sagte Christian Führer, der Pfarrer der Nikolaikirche: »Jemand, der sich ernsthaft an Jesus orientiert, hat keine Zeit, ›politisch korrekt‹ zu agieren, sondern wird getrieben von der Frage: ›Was würde Jesus dazu sagen?‹« Wie wunderbar ist es, dass es inmitten dieser ziemlich rechtslastig geprägten Region eine Friedenskirche und -gemeinde gibt, die ihrem Namen alle Ehre machen!

Da, wo *ich* bin, da will *ich* sein

Als ein Mensch, der gerne im Schwimmbad seine Bahnen zieht und dabei versucht, auch auf andere zu achten, begegnen mir dort selbstverständlich auch jene älteren Damen und Herren, die sich ins Wasser begeben und dann so tun, als hätten sie gar nicht bemerkt, dass da auch andere sind, und einfach auf dem Rücken liegend und im wahrsten Sinne des Wortes rücksichtslos auf einen zuschwimmen: Da wo *ich* bin, da will *ich* sein! Das ist ihre klare Botschaft. Alle anderen haben gefälligst mir auszuweichen, auch wenn sie schon vor ihnen da waren.

Ich lasse mich von einer solchen Einstellung nicht beirren und halte den Betreffenden die flache Hand hin, sodass sie sanft an meiner Hand gestoppt werden. Die meisten tun dann völlig überrascht, aber verstehen ohne Worte, was sie vorher eigentlich auch schon wussten: dass es einfach nicht geht, auf dem Rücken zu schwimmen, wenn sich auf den Bahnen mehrere Schwimmer bewegen. Andere sind jedoch regelrecht empört und versuchen, recht zu behalten. Ich frage mich dann immer: Gehen die auch so durch das Leben – so rein ichbezogen und rücksichtslos? Gehen sie auch so mit ihren Kollegen, ihrer Familie und ihren Nachbarn um?

Das junge Paar, das in der Fußgängerzone befragt wurde, ob es Kinder haben möchte, kommt mir wieder in den Sinn: »Wir wollen lieber Ski fahren und das Leben genießen …«, hatte der Mann gesagt. An den traurigen Augen der Frau konnte man jedoch sehen, dass er sich wohl einfach durchgesetzt hatte, er ihr gewissermaßen das Messer auf die Brust gesetzt hatte: »Wenn du willst, dass wir zusammenbleiben, dann musst du diese Kröte schlucken!« Egoismus ist keine gute Basis für eine lebenstaugliche Beziehung.

Gelassenheit

Beschreibt das soeben erwähnte Beispiel aus dem Schwimmbad zunächst einmal die negative Seite der »Ich-Bezogenheit«, so gibt es natürlich auch eine positive, und die hat sehr viel mit Gelassenheit zu tun: Als Jugendlicher und auch als junger Erwachsener hatte ich des Öfteren Angst, irgendetwas zu verpassen. Ich wollte möglichst alle Partys, Freizeiten und Ausflüge »mitnehmen« – einfach aus Angst, ich könnte etwas verpassen. Das hat sich in dem Moment sehr schnell gelegt, als ich begann, »mein eigenes Ding« zu machen: als ich meine erste Freundin kennengelernt hatte, meine ersten Lieder geschrieben und mein erstes Geld selbstständig verdient habe. Da merkte ich auf einmal, dass auch andere da sein wollten, wo ich war. Natürlich gab und gibt es auch heute noch immer wieder Phasen, in denen ich den Eindruck habe, »da und da« müsstest du jetzt unbedingt sein. Aber das hat dann meistens etwas mit meinem Beruf zu tun: Wenn beispielsweise eine neue CD erscheint, versuche ich, mithilfe von Agenten, medial besonders präsent zu sein. Man würde dann gerne in der und der Talkshow auftreten und seine neuen Gedanken, Lieder oder Geschichten präsentieren. Aber ich bin auch schon öfter in Talkshows zu Gast gewesen, die weder mir persönlich noch der Sache etwas gebracht haben. Es fand dann keine echte Begegnung mit dem prominenten Moderator statt, weil er nicht an mir, sondern lediglich am Gelingen seiner Sendung, seiner eigenen Präsentation interessiert war. Er hatte auch keine echten Fragen, sondern las nur von seinen vorformulierten Karteikarten ab – das war frustrierend und da wollte ich dann eigentlich doch nicht sein. Und trotzdem tappe ich immer wieder neu in diese Falle.

Es liegt viel Gelassenheit in dem Satz: »Da, wo ich bin, da will ich sein!« Die Haltung, die wir heutzutage mit dem Begriff Gelassenheit beschreiben, findet sich schon bei den Stoikern (ab ca 300 v. Chr.). So schreibt der Stoiker Epiklet in seinem Handbüchlein der Moral: »Das eine steht in unserer Macht, das andere nicht. In unserer Macht stehen: Annehmen und Auffassen, Handeln-Wollen, Begehren und Ablehnen – alles, was wir selbst in Gang setzen und zu verantworten haben. Nicht in unserer Macht stehen: unser Körper, unser Besitz, unser gesellschaftliches Ansehen, unsere Stellung – kurz: alles, was wir selbst nicht in Gang setzen und zu verantworten haben.«

Der deutsche Begriff »Gelassenheit« taucht dann im Mittelalter unter anderem bei dem Mystiker Meister Eckhart auf: Ein »gelassener« Mensch ist für ihn einerseits jemand, der die Kämpfe und Verlockungen in sich selbst und in dieser Welt (hinter sich) gelassen hat, und der andererseits »sich Gott gelassen hat«[5]. Es ist also eine sehr asketische und auf Gott bezogene Frömmigkeit, die hier mit Gelassenheit beschrieben wird.

Ganz anders klingt das Ganze dann bei Friedrich Schiller in seinem Essay »Über das Erhabene«: »Wohl dem Menschen, wenn er gelernt hat, zu ertragen, was er nicht ändern kann, und preiszugeben mit Würde, was er nicht retten kann.« Es fehlt jedoch der hoffnungsvolle Ausblick, den die fromme Gelassenheit, wie sie uns heute geläufig ist, immer auch in den Blick nimmt. Sie kommt in dem berühmten Gebet zum Ausdruck, das wahrscheinlich der bekannte amerikanische Theologe Reinhold Niebuhr (1892–1971) verfasst oder zumindest in dieser Form bekannt gemacht hat:

Gott gebe mir Gelassenheit,
Dinge hinzunehmen, die ich nicht ändern kann,
den Mut, Dinge zu ändern, die ich ändern kann,
und die Weisheit, das eine vom andern zu unterscheiden.

---

[5] F. Heiter, Art. Gelassenheit, in: RGG, 3. Auflage, Tübingen 1986, S. 1310

Der Unterschied des Gelassenheitsgebets von Niebuhr zum stoischen Denken, aber auch zu der asketisch-mystischen Haltung eines Meister Eckhart besteht darin, dass dieses Gebet ermutigt, die änderbaren Dinge auch tatsächlich anzugehen. Außerdem wird Gott um die Weisheit der Unterscheidung gebeten. Ein gutes und kluges Gebet, das ich mir immer wieder vergegenwärtigen möchte!

Wenn ich sage: »Da, wo ich bin, da will ich sein!«, brauche ich Gelassenheit, denn es wird immer Situationen geben, die ich so nicht will, aber »auf mich nehme«, weil ich im Großen und Ganzen mit meiner Situation einverstanden bin. Beim Kirchenvater Augustin finden wir die Unterscheidung zwischen *Cupiditas*, was so viel bedeutet wie »Begierde«, und *Voluntas*, was so viel bedeutet wie »Wille«. In der *Voluntas* erkennt Augustin die Grundausrichtung, die Grundentscheidung eines Menschen *für* eine Situation, *für* einen Lebensentwurf: »Ich will ...« Diesem Grundwillen, zum Beispiel ein Leben lang mit einem Menschen zusammenzuleben und eine Ehe zu führen, kommt die *Cupiditas* immer wieder in die Quere.

Die Begierde, dieses kurzfristige Aufflackern einer Sehnsucht, steht für die Versuchungen bzw. die Situationen und Gedanken, die uns unter Umständen von dem, was wir »eigentlich wollen«, abbringen können. So kann es passieren, dass eine gut funktionierende Ehe, in der sich beide mehr oder weniger wohlfühlen, arrangiert haben und grundsätzlich beieinanderbleiben und miteinander alt werden wollen, plötzlich auseinanderbricht, weil einer der beiden Partner sich verleiten ließ fremdzugehen. Wenn der Stolz der oder des anderen zu sehr verletzt wurde, kann das schon reichen, dass die Begierde des einen den Grundwillen des anderen aus den Angeln hebt. In dieser Situation kann die Gelassenheit mir helfen, dass es erst gar nicht so weit kommt.

Vor etlichen Jahren habe ich »Die Perlen des Glaubens« kennengelernt. Dabei handelt es sich um ein schönes Perlenarmband, das von dem schwedischen Bischof Martin Lönnebo entwickelt wurde. Es ist gewissermaßen ein Katechismus für die Hand: 18 Perlen für Hand und Herz, jede hat einen Namen und eine eigene Bedeutung (vgl. www.perlen-des-glaubens.de). Ich habe dazu ein Songalbum veröffentlicht und zu jeder Perle ein Lied geschrieben. Meine Lieblingsperle ist die dunkelblaue »Perle der Gelassenheit«. Sie erinnert mich in besonders turbulenten Situationen daran, dass ich darauf vertrauen darf, dass mein Leben in der liebenden Hand Gottes gehalten ist. In meinem Lied zu dieser Perle heißt es:

Ich bin ganz gelassen,
denn du lässt mich sein,
muss mich nicht verbiegen,
fühl mich nicht mehr klein.
Ich darf mich entfalten,
wie ein Schmetterling
land ich sanft in deiner Hand
und ich sing und sing.

Ich bin ganz gelassen
und ich lass es sein,
ständig mich zu hetzen,
unter Strom zu sein.
Vor dir sind die Stunden,
ein Stück Ewigkeit,
Jahre wie Sekunden
und paradox die Zeit.

So könnte man mit dem Satz: »Da, wo ich bin, da will ich sein!« und dem Gebet um Gelassenheit vielleicht sogar in Kombination mit den »Perlen des Glaubens« in seinem Alltag beginnen, »Gelassenheit und positive Präsenz« zu entfalten. Es geht dabei um einen spirituellen Weg, den ich gehen kann, wenn ich möchte. Das Gebet um Gelassenheit hilft dabei.

Da, wo ich bin, da *will* ich sein!

Wieder zurück ins Schwimmbad: Sie ziehen Ihre Bahnen und ein anderer steigt in dieselbe Bahn ein und schwimmt rückwärts auf Sie zu, ohne auf Sie zu achten – wie reagieren Sie? Geben Sie Ihre Bahn einfach auf und machen ihm Platz, oder riskieren Sie den offenen Konflikt, weil Sie da, wo Sie sind, nicht zufällig sind, sondern weil Sie ganz genau da sein wollen? Diese Position vertreten jene Schwimmer, die mit athletischem Körper, mit Schwimmbrillen bewehrt und mit wild entschlossenem Gesichtsausdruck deutlich machen wollen: »Achtung: Jetzt komm ich! Da, wo ich bin, da *will* ich um jeden Preis sein!« Besonders spannend wird es, wenn Sie auf beide Spezies gleichzeitig treffen, denn auch Sie sind ja nicht zufällig hier, sondern *wollen* ebenfalls in diesem Moment schwimmen, also genau da sein, wo Sie sind. Aber auch in einer solchen Situation hilft Gelassenheit und das Wissen: Nur wenn alle aufeinander achten, kommt jeder auf seine Kosten. Das ist mitunter etwas nervig, aber Beharrlichkeit und Gelassenheit sind dabei gute und erfolgversprechende Gefährten.

Vor einiger Zeit stand ich gemeinsam mit meinem Gitarristen Adax Dörsam wie so oft in einem Stau. Ich wollte schon losschimpfen, als ich Adax schwärmen hörte: »Ach, das ist doch wunderbar, ein Stau! Jetzt haben wir richtig Zeit, Musik zu hören und uns zu unterhalten!« Das war ein gutes »Da, wo ich bin, da will ich sein!«-Training für mich. Natürlich will wohl niemand in einem Stau stehen. Aber wenn man eine Tätigkeit ausübt, bei der man viel unterwegs ist, und man wie ich diese Tätigkeit liebt, dann gehört auch ab und an ein Stau dazu. Das ist der Preis, den ich bezahlen muss, um da zu sein, wo ich bin. Also macht es überhaupt keinen Sinn, wild herumzuschimpfen. Stattdessen ist es viel weiser, die Situation zu bejahen und positiv zu füllen. Auch das Konzert und der Kontakt zu den Leuten vor Ort wird schließlich nicht besser, wenn ich völlig genervt am Veranstaltungsort eintreffe. Und wenn wir dann ein schönes Konzert geben, miteinander musizieren und gemeinsam mit den Leuten singen, wenn ich in die leuchtenden Augen der Menschen sehe und mich freue, dass meine Lieder und Texte ankommen, erheitern und nachdenklich machen, dann bin ich genau da, wo ich sein möchte.

Jeder hat seine ganz persönlichen Orte, Städte und Länder, in denen er oder sie gerne sein will. Dazu gehört beispielsweise auch ein bestimmtes Urlaubsziel, das wir uns oft eine Menge kosten lassen. Wenn ich Urlaub mache, dann *will* ich, dass das Hotel einen gewissen Standard hat. Auf keinen Fall sollte es in Sachen Komfort und Service schlechter sein als mein Zuhause, sonst ist der ganze Urlaub für mich verdorben. Wenn ich aber einen bestimmten Komfort erwarte, muss ich dafür bezahlen. Bevor ich also eine Reise buche, muss ich die Kosten überschlagen: »Was wird es mich kosten, da zu sein, wo ich sein möchte?« Manchmal bleiben wir dann lieber zu Hause, weil die Kosten einfach zu hoch sind, aber auch dann weiß man wieder: »Da, wo ich bin, da will ich sein!« Es ist es mir nicht wert, schlaflose Nächte zu verbringen, nur weil ich nicht weiß, wie wir die Kosten decken sollen. Mit solchen Gedanken im Nacken wäre der schönste Urlaub verdorben.

Da, wo ich *bin*, da will ich *sein*!

Hier und jetzt

Gerade und besonders in einem Salzwasser-Wellenbad kann man jene beobachten, die sich einfach nur genüsslich auf dem Rücken liegend im Wasser treiben lassen. Solange sie das nicht in einer Schwimmerbahn tun, kann ich diesem Genuss sehr viel abgewinnen: Man lässt sich einfach fallen, legt sich hinein in das wohlige Nass und wird seltsam leicht getragen. Man kann seinen Gedanken nachhängen und einfach einmal »sein«. Oder ich beobachte Eltern, die mit ihren Kindern spielen – ganz da, ganz wach und einander zugewandt.

Wenn wir unseren Satz: »Da, wo ich bin, da will ich sein!« auf dem »Sein« betonen, tragen wir damit nicht nur einem gesellschaftlichen Trend Rechnung, sondern wissen auch, dass es Momente und Freiräume in unserem Leben geben muss, in denen wir ganz entspannt sein und uns auch einmal hängen lassen können – ohne irgendeinen Anspruch und ohne dass irgendjemand etwas von uns möchte.

Andererseits formuliert diese Betonung auch den Wunsch eines jeden Menschen, dass er da, wo er ist, wo er lebt und agiert, auch ein Stück von dem verwirklichen kann, was ihn und sein eigentliches Sein ausmacht. In jedem Fall geht es jedoch darum, dass ich, ob nun ganz entspannt oder ganz engagiert bei der Arbeit, ganz bei der Sache bin, die ich gerade tue. Dazu folgende Erzählung:

Ein Mann fährt zu einem Blitzbesuch zu seinem alten, weisen Vater in sein Heimatdorf. Der Vater füttert gerade die Katzen. Der Mann sagt: »Guten Tag, ich bleib nicht lang. Eigentlich habe ich gar keine Zeit. Ich weiß nicht mehr, wo mir der Kopf steht. Ich hetze mich ab und schaffe überhaupt nichts. Ich bin nur noch ein Nervenbündel. Woher nimmst du eigentlich deine Ruhe?«

Der Alte kratzt sich hinterm Ohr und sagt: »Mein lieber Sohn, höre gut hin: Ich mach es ganz einfach so – und es geht spielend leicht:

Wenn ich schlafe, schlafe ich. Wenn ich aufstehe, stehe ich auf. Wenn ich gehe, gehe ich. Wenn ich esse, esse ich. Wenn ich schaffe, schaffe ich. Wenn ich plane, plane ich. Wenn ich spreche, spreche ich. Wenn ich höre, höre ich zu.«

Der Sohn sagt darauf: »Was soll dieser Quatsch? Das alles mache ich doch auch und trotzdem finde ich keine Ruhe und Gelassenheit.«

Der Alte sagt: »Mein lieber Sohn, höre gut hin: Wenn ich schlafe, schlafe ich. Wenn ich aufstehe, stehe ich auf. Wenn ich gehe, gehe ich. Wenn ich esse, esse ich. Wenn ich schaffe, schaffe ich. Wenn ich plane, plane ich. Wenn ich spreche, spreche ich. Wenn ich höre, höre ich zu. Aber du machst das alles etwas anders:

Wenn du schläfst, stehst du schon auf. Wenn du aufstehst, gehst du schon. Wenn du gehst, dann isst du schon. Wenn du isst, dann schaffst du. Wenn du schaffst, dann planst du schon. Wenn du planst, dann sprichst du schon. Wenn du sprichst, dann hörst du schon. Wenn du hörst, dann schläfst du.«

Wenn ich sage: »Da, wo ich bin, da will ich sein!«, setzt das auch voraus, dass ich tatsächlich »da« bin und nicht zum Beispiel in Gedanken ganz woanders. Wie oft verbringe ich beispielsweise Zeit in einer Sitzung und meine Gedanken sind noch im Urlaub oder bei meiner Familie. Es ist schon so, wie die Geschichte beschreibt: Wir sind gehetzte und gestresste Menschen einfach auch deshalb, weil wir oft nicht »da« sind.

Schon unter der Dusche, vor dem Spiegel oder beim Zähneputzen eilen wir bereits in Gedanken voraus, »nutzen«

gewissermaßen automatisch die Zeit, um das vor uns Liegende zu planen und zu bedenken. Oftmals verpassen wir schöne und glückliche Momente gerade deshalb, weil wir mit den Gedanken ganz woanders sind. Gerade in der Begegnung mit Kindern kann man lernen, wie kostbar und wichtig der momentane Augenblick sein kann.

In verschiedenen Zusammenhängen ist immer wieder das »Leben im Hier und Jetzt« als Beschreibung aufgetaucht. Dabei geht es aber letztlich darum, dass ich achtsam mit meinem Leben und dem Leben anderer Menschen umgehe; dass ich darauf achte, wo ich bin, wie ich mich fühle und wer mir begegnet. Die positive Form der Achtsamkeit ist die Wertschätzung und die mündet wieder in die Aussage: »Da, wo ich bin, da will ich sein!«

Langsam durch die schnelle Zeit

Langsam durch die schnelle Zeit
zieht der Geist der Ewigkeit,
schaut sich die Termine an,
fragt mich: Sag, wann lebst du, wann?

Wann hast du mal Zeit zu sehen,
was um dich herum geschieht,
Zeit, auch Dinge zu verstehen,
die das Auge übersieht?
Abgehakt und abgelegt,
wie Terminkalender,
schmeißt du deine Jahre fort,
ohne was zu ändern.

Wann nimmst du dir Zeit zu lauschen
in die Stille, wie sie klingt?
Hörst du noch die Wellen rauschen
in der Muschel, wenn sie singt?
Du kannst lernen zu verstehen,

wo ein Mund den Dienst versagt.
Mit dem Herzen hinzusehen,
lernt, wer so zu hören wagt.

Wann nimmst du dir Zeit zu riechen,
hältst die Nase in die Luft?
Höre auf, dich zu verkriechen,
atme tief, genieß' den Duft,
und die Zunge, lass sie schmecken.
Beide Sinne helfen dir,
etwas Neues zu entdecken,
Leben sinnlich zu erspür'n.

Langsam durch die schnelle Zeit
zieht der Geist der Ewigkeit,
schaut sich die Termine an,
fragt mich: Sag, wann lebst du, wann?

Wann nimmst du dir Zeit zu leben,
durchzuatmen, ein und aus.
Hast du dich schon aufgegeben,
wie seh'n deine Träume aus?
Stemm' die Füße in den Sand,
spür' den Boden, der dich hält:
Teil der großen, starken Hand,
Teil des Schöpfers dieser Welt.

Achtsamkeit

Achtsamkeit kann ich einüben: Ich kann mir vornehmen,
auf die kleinen Dinge, auf die kurzen Signale des Glücks zu
achten. Ich kann es üben und lernen, achtsam zu sein. Vielleicht haben gerade wir Deutschen ein Problem damit, etwas einfach auch einmal zuzulassen und zu sagen, dass jetzt
im Moment alles okay ist. Dass uns nichts fehlt, dass nichts
wehtut und es weder zu kalt noch zu heiß ist, sondern alles,
wie es ist, passt und wunderbar ist. Uns einfach zu sagen:

»Nun sei froh, sei glücklich und genieße den Moment«, damit haben wir ein Problem. Irgendetwas fehlt uns immer.

Achtsamkeit hat auch etwas mit Achtung zu tun: Wie achte ich einen Moment, ein Geschenk, eine Begegnung? Wenn uns unsere Kinder früher, als sie klein waren, an Weihnachten ihre selbst gebastelten Geschenke überreichten, sind wir sehr achtsam mit diesen Momenten und dem Geschenkten umgegangen. Wir wussten ja, dass sich unsere Kinder sehr viele Gedanken gemacht und Zeit und Energie in das gesteckt hatten, was sie uns nun gespannt überreichten. Sie waren gespannt, wie es uns gefallen würde, und freuten sich auf die Freude, die sie uns damit machen würden. Und natürlich habe ich mich dann auch gefreut, denn es kam ja von Herzen, und zwar von den Herzen meiner Kinder.

Das Maß der Achtung und der Grad der Beachtung, die ich einer Sache, einer Situation oder einer Begegnung schenke, ist Ausdruck meiner Wertschätzung. Ab und zu bin ich auf größeren Partys und Veranstaltungen eingeladen. Dort geschieht es hin und wieder, dass ich mich mit jemandem unterhalte und dabei feststelle, dass mein Gegenüber nicht so richtig bei der Sache ist, sondern nebenbei seine Augen wandern lässt, um zu schauen, wer noch alles da ist. Ich habe mich auch schon selbst bei dieser Unsitte ertappt und versuche dann entweder, das Gespräch zu beenden, indem ich sage: »Du, lass uns nachher weiterreden, ich will erst einmal die Runde machen!«, oder ich konzentriere mich tatsächlich ganz auf mein Gegenüber und zwinge mich zur Achtsamkeit: Hier und jetzt rede ich mit dir und höre dir zu!

Ich finde es schrecklich, wenn man sich mit jemandem unterhält und nebenbei signalisiert bekommt: Sei mir nicht böse, das ist zwar interessant, was du da erzählst, aber vielleicht kreuzt ja noch jemand Interessanteres auf! Hinter solch einer Haltung steckt wenig Gelassenheit. Sie ist geprägt von der Angst, womöglich irgendetwas zu verpassen. Noch schlimmer finde ich es, wenn Leute immer und überall auf dem Handy oder sonst einem modernen Kommunikationsmodul erreichbar sein wollen. Auch diese Situation kennen wir alle: Wir unterhalten uns mit jemandem und plötzlich klingelt es bei demjenigen – nicht, weil wir so etwas Tolles gesagt haben, sondern deshalb weil die- oder derjenige sein Handy eingeschaltet hat. Die für mich normale Reaktion wäre – und das mache ich jetzt eigentlich immer –, dass ich den Anruf wegdrücke und mein Handy ausschalte, damit ich in Ruhe das aktuelle Gespräch weiterführen kann. Wenn ich einen dringenden Anruf erwarte, bitte ich mein Gegenüber um Entschuldigung und frage, ob ich kurz rangehen darf. Das ist meistens kein Problem. Dann nehme ich den Anruf an und sage, dass ich mich gerade in einem Gespräch befinde und später zurückrufe. Das ist alles in der Regel kein Problem. Ich erlebe es jedoch, vor allem wenn ich von außen die Kommunikation anderer betrachte, dass das Handy jederzeit eine direkte Begegnung unterbrechen darf. Der Fernkontakt ist also scheinbar wichtiger als der Nahkontakt. Besonders krass wirkt das, wenn die beiden, die sich begegnet sind, sich mürrisch und streitbereit zeigen, der Anruf auf dem Handy jedoch in säuselndem Bezirzton aufgenommen wird. Das Signal heißt in diesem Fall: »Da, wo ich bin, will ich *nicht* sein!«

Vor etlichen Jahren saß ich mit vier mir fremden Personen in einem Zugabteil. Wir alle waren auf dem Weg von Frankfurt Richtung Süden. Plötzlich schaltete einer sein Handy ein und sagte laut und vernehmlich – so als würde er es in den Raum hineinsagen: »Hallo, hier ist der Berthold, haste Lust heut Abend? Alla' dann treffe mer uns um halb acht!«, sprach's und schaltete sein Handy wieder aus. Über uns anderen vier in diesem Abteil stand nun ein großes Fragezeichen: »Worauf hat Berthold Lust?«

Eine paradoxe Situation, die Sie gerade bei wenig achtsamen Zeitgenossen regelmäßig beobachten können: Man hat den Eindruck, dass manchem Menschen jegliches Gefühl für Privatsphäre und Schamgefühle verloren gegangen ist. Gar nicht so weit von der Realität ist folgender Witz entfernt: Telefonieren zwei Frauen mit dem Handy. Sagt die eine zur anderen: »Du, ich muss jetzt auflegen, ich treffe dich gerade!«

Wenn ich mir nun den Satz: »Da, wo ich bin, da will ich sein!« gewissermaßen als Tageslosung nehme und ihn mir immer wieder in der Weise vergegenwärtige, dass ich stärker als sonst darauf achte, wo ich bin und wo ich mich gerade befinde – zu Hause, in meinem Büro, im Supermarkt, an der Tankstelle, beim Friseur, bei einem Außentermin –, dann nehme ich meinen Tag viel bewusster wahr, denn ich bin im »Hier und Jetzt«. In einem weiteren Schritt kann ich dann überlegen: Was gefällt mir an der Situation, in der ich mich gerade befinde, und was gefällt mir nicht? Warum bin ich im Moment vielleicht schon wieder schlecht gelaunt?

Oft hängt das damit zusammen, dass ich mir selbst Stress mache, dass ich noch dieses und jenes erledigen muss oder möchte und damit schon wieder meinem eigenen Zeitplan hinterherhechle. In einer solchen Situation tut es mir gut, innezuhalten, auf mich selbst zu achten und mir selbst zu sagen: Es ist alles okay. Sei jetzt genau da, wo du bist. Und was du zeitlich nicht unterkriegst, das verschiebe eben auf morgen. Wir müssen lernen, achtsam mit uns selbst umzugehen.

Längst hat die Medizin verstanden, dass uns Dinge »zu Herzen gehen«, dass uns Probleme »auf den Magen schlagen« und dass uns manchmal »der Schädel brummt«. Der Anteil der psychosomatischen Erkrankungen ist in den letzten Jahren ja stetig gestiegen – sicher auch deshalb, weil auch die moderne Medizin diese Symptomatik zunehmend ernst nimmt und somit stärker registriert. Neben den Orten, die wir aufsuchen, spielt auch noch unsere jeweilige Befindlichkeit eine große Rolle: Wie geht es mir? Warum seufze ich? Vielleicht brauche ich einmal wieder etwas mehr Zeit für mich.

Von dem Schweizer Psychotherapeuten C.G. Jung (1875–1961) wird erzählt, er habe einmal einem sehr wohlhabenden Klienten einen Termin abgesagt. Als dieser Klient zwei Tage später am Zürichsee spazieren ging, sah er seinen Therapeuten just zu dem Zeitpunkt des abgesagten Termins am Ufer des Sees sitzen: Jung schaute verträumt auf das Wasser und ließ die Beine im kühlen Nass baumeln. Als die beiden sich wieder trafen, beschwerte sich der Klient, dass sein Therapeut ihm den Termin abgesagt hatte, obwohl er »nur« am See rumgesessen habe. Da erwiderte Jung: »Ich habe nicht einfach nur herumgesessen – ich hatte einen Termin mit mir selbst!«

Ohne die Achtsamkeit würde unser Straßenverkehr im Chaos versinken. Es gibt Verkehrsregeln, die ich zu beachten habe, und wenn ich das nicht tue, verliere ich meinen Führerschein. Diese Achtsamkeit geht so weit, dass ich mich bei der Fahrt mit meinem Auto stets so verhalten sollte, dass ich auf die eventuellen Fehler der anderen Verkehrsteilnehmer noch so reagieren kann, dass kein Unfall passiert. Wenn ich also in einem Wohnviertel unterwegs bin, muss ich jederzeit darauf reagieren können, dass ein Ball auf die Straße rollt und ein Kind diesem Ball nacheilt. Auf einem Plakat sah ich neulich einen Autofahrer abgebildet: In der einen Hand sein Handy, in der anderen ein Getränk und im Mund noch eine Zigarette und darunter stand die Frage: »Und wer fährt?«

Ein Freund, der mit seinem Pkw in Italien unterwegs war, hielt ordnungsgemäß an einem Zebrastreifen, um eine Frau mit Rollstuhl über die Straße zu lassen. Nach etwa fünf Sekunden prallte ein Kleinwagen ungebremst auf die Heckklappe seines Autos und verursachte damit einen Totalschaden. Die junge Dame, die den Unfall verursacht hatte, war offensichtlich mit allem Möglichen beschäftigt, aber sicher nicht mit dem Straßenverkehr.

Auch ich hänge manchmal bei langen Fahrten auf der Autobahn derart einem Gedanken nach, dass ich nicht so ganz genau sagen könnte, was sich die letzten zehn Minuten im Straßenverkehr abgespielt hat – sicher auch deshalb, weil sich eben nichts Besonderes abgespielt hat, und ich meine Achtsamkeit gewissermaßen auf den Sparmodus schalten konnte.

Wenn viele Personen gleichzeitig versuchen, im Schwimmbad ihre Bahnen zu schwimmen, geht auch das nur, wenn man miteinander achtsam umgeht. Mit einer »Weg da, jetzt komm ich«-Mentalität kommt man nicht sehr weit. Und doch geraten auch Schwimmer manchmal aneinander, weil es Menschen gibt, die meinen, dass sich alle anderen nach ihnen zu richten hätten.

Kinder des Weltalls

Nun könnte man das Schwimmbad und die vielen lustigen und merkwürdigen Situationen, denen man dort begegnet, als Sinnbild für das Leben und unsere Lebensorte schlechthin betrachten, doch zunächst einmal sind wir alle Bewohner dieser einen Erde.

In einer sternenklaren Nacht einfach dazustehen und hinaus in das Weltall zu schauen, hilft mir manchmal, den Kopf frei zu bekommen und meine momentane Situation neu und vielleicht besser einzuordnen: »Was ist der Mensch, dass du an ihn denkst …«, lese ich in den Psalmen. Ich komme mir dann ganz klein und unbedeutend vor. Was sind schon meine Fragen und meine Sorgen angesichts dieses ungeheuren Universums, das sich da vor mir erstreckt und dessen unendliche Weite und Ausmaße ich mir nicht einmal ansatzweise vorstellen kann?

»Da, wo ich bin, da will ich sein!« – Ich habe ja auch gar keine andere Wahl, denn »dort draußen«, auf irgendeinem anderen Stern, können wir Menschen nicht leben. Schon der Mond ist so weit weg und unwirtlich, dass es einem schon sehr elend gehen muss, um der Frage nachzugehen, unter welchen Umständen man dort vielleicht leben könnte. Somit ist der Planet Erde schon einmal die erste Festlegung: Ich kann und ich will es auch nicht ändern, dass ich auf der Erde lebe, also *will* ich hier leben. Aber trotzdem – oder gerade deshalb – fasziniert mich der Kosmos, und der Blick hinaus in die Weite inspiriert mich.

Vor einigen Jahren habe ich Dr. Andreas Burkert kennengelernt, der Professor für Astrophysik an der Ludwig-Maximilians-Universität in München ist. Im Rahmen einer Fortbildung für Pfarrerinnen und Pfarrer hielt er einen Vortrag über das Universum. Er zeigte uns wunderbare Aufnahmen vom Orionnebel und von weit entfernten Galaxien. Dies tat er mit solch einer Freude und Begeisterung, dass wir alle staunend dasaßen und – für Pfarrer ziemlich selten – ein wenig sprachlos waren. Dieser Naturwissenschaftler führte uns die Größe des Schöpfers vor Augen und sagte wunderbare Sätze wie: »Tausende von Sternen mussten sterben, damit Menschen werden konnten!« Sternenstaub enthalte jene Elemente, aus denen das Leben auf der Erde entstehen konnte. Und er sagte: »Je mehr wir erkennen, desto mehr staunen wir! Es ist für mich überhaupt kein Widerspruch, an Gott, an einen Schöpfer zu glauben, und gleichzeitig intensiv zu forschen – im Gegenteil: Je mehr ich erkenne, desto mehr staune ich über das Wunder der Schöpfung!«

Welch eine Freiheit, sich als Teil dieser wunderbaren Schöpfung zu verstehen, es zu glauben und daran festzuhalten: Dies alles ist kein Zufall, sondern gewollt und wunderschön! Gerade für einen Wissenschaftler gehört mitunter Mut dazu, sich diese Freiheit zu nehmen, über den Tellerrand der eigenen Materie hinauszuschauen und ganz bewusst den Dialog mit dem Glauben und der Theologie zu suchen.

Ein anderer sehr schöner Satz von Andreas Burkert lautet: »Gott ist kein Zauberer, der mit irgendwelchen Tricks arbeitet, sodass man denkt, wenn man den Trick durchschaut hat: Och wie blöd, da steckt ja gar nichts dahinter!« Gott muss sich nicht hinter Tricks verstecken, sondern wir können *verstehen, wie* alles entstanden ist, und dadurch noch mehr über die Größe des Schöpfers staunen. Und ich bin ein Teil dieser guten Schöpfung! Ich bin gewollt und bewusst und liebevoll in diese Welt gesetzt worden: »Millionen von Sternen mussten sterben, damit wir werden konnten«: Mensch, du bist ein Wunschkind!

Aus Sternenstaub sind wir gemacht

Aus Sternenstaub sind wir gemacht,
in unsern Augen liegt ein Glanz.
Aus Liebe wurden wir erdacht
im großen Schöpfungstanz.
Wir sind Kinder des Weltalls,
dem großen Sternenzelt,
entstanden aus dem Urknall:
Erde heißt unsre Welt.

Wir schauen in die Ferne,
wir landen auf dem Mond
und wüssten allzu gerne,
ob draußen jemand wohnt,
der so lebt, wie wir leben,
der atmet, denkt und liebt,
das kann es doch nicht geben,
dass es nur uns hier gibt.

Je mehr wir wissend sehen,
umso mehr staunen wir.
Wir lernen zu verstehen,
wie alles funktioniert.
Gott muss sich nicht verstecken,
er wird dadurch nicht klein.
Und was wir auch entdecken
lässt *ihn* noch größer sein.

Bei einem Konzert in der Inselkirche auf Langeoog habe ich dieses Lied am Ende gespielt. Da stand ein älterer Mann auf und brüllte empört in die voll besetzte Kirche: »Das ist alles Lüge!« Dann verließ er wutschnaubend das Gotteshaus. Ich hätte mir gewünscht, der Herr wäre auf mich zugegangen und hätte mir erklärt, was ihn genau an dem Lied stört. Aber diese Erfahrung mache ich leider immer wieder, dass es bei manchen Menschen mitunter nur eine sehr schmale Toleranzgrenze gibt und eine fast aberwitzige Angst, über den eigenen Tellerrand hinauszuschauen.

Schon das Wort »Urknall« scheint bei manchen so viele Ängste auszulösen, dass sie überhaupt nicht mehr nachdenken und zuhören wollen. Das ist schade, denn solch eine Einstellung verweigert den Dialog und die Möglichkeit, an Erkenntnis zu wachsen. Sie verweigert mir aber auch die Möglichkeit des Korrektivs, denn vielleicht habe ich ja wirklich etwas falsch oder missverständlich formuliert, und das würde ich dann gerne korrigieren. Es ist schon erstaunlich, dass es gerade unter uns Christen, die wir angeblich an der Liebe erkannt werden, so viele unversöhnliche und lieblose Auseinandersetzungen gibt, die allesamt mit einem ideologisierten Glauben und einer aggressiven Rechthaberei zu tun haben. Zur Ehrenrettung des oben erwähnten Herrn sei jedoch gesagt, dass dieser mir später einen ausführlichen Brief schrieb und wir daraufhin ein sehr gutes, ausführliches Telefonat hatten.

Mittlerweile weiß ich aus verschiedenen anderen Gesprächen, dass man die Formulierung »entstanden aus dem Urknall« auf die »Kinder des Weltalls« beziehen kann. Ich meine jedoch das Weltall und das Sternenzelt, das in so etwas Ähnlichem wie dem Urknall (und das ist mittlerweile wissenschaftlicher Konsens) vor 12,5 Milliarden Jahren seinen Anfang genommen hat. Der Schöpfer hat sich wohl einer Art Initialzündung bedient, um die Schöpfung in Gang zu bringen. Diesem wissenschaftlichen Konsens kann ich mich durchaus anschließen, ohne das biblische Zeugnis zu verwerfen. Das Alte Testament beginnt ja mit dem Satz: »Am Anfang schuf Gott den Himmel ....« (Genesis 1,1a). Wenn ich nun herausfinden möchte, *wie* er das gemacht hat, ist die wissenschaftliche Erkenntnis, dass es am Anfang der Zeit zu Beginn der Entstehung des Kosmos so etwas wie eine gewaltige Initialzündung gegeben haben muss, kein Widerspruch zu diesem biblischen Zeugnis.

Der renommierte Wissenschaftler Steven Hawkins hat einmal gesagt: »Selbst wenn jemand beweisen könnte, dass es Gott nicht gibt, müsste er immer noch erklären, warum das Weltall sich die Mühe macht zu existieren!« Dass der Mensch Ergebnis eines eigenen Schöpfungsaktes (und nicht ein automatisches Ergebnis des Urknalls) ist, bringt doch schon der Anfang des Refrains zum Ausdruck: »Aus Liebe wurden wir erdacht im großen Schöpfungstanz.«

Folgender Witz wird in diesem Zusammenhang gerne erzählt: Ein Pfarrer liest den Predigttext vor: »Und Gott schuf den Menschen zu seinem Ebenbild, er schuf sie als Mann und er schuf sie als Frau ...« Dann muss er umblättern und erwischt aber, ohne es zu merken, mehrere Seiten gleichzeitig. Er landet beim Bau der Arche Noah und liest weiter »... sie war siebzig Ellen lang und von außen und innen mit Pech verschmiert.« Der Pfarrer hebt seine Augen und sagt: »Dass Eva als Mutter der Menschheit ziemlich groß gewesen sein muss, also durchaus siebzig Ellen lang war, das können wir uns ja noch vorstellen, aber dass sie von innen und außen mit Pech verschmiert war, das müssen wir einfach glauben!«

Ich muss eben nicht »blind« glauben: Die Naturwissenschaften können mir sogar mitunter helfen, die Bibel besser zu verstehen. Im zweiten Schöpfungsbericht lesen wir: »Da machte Gott der Herr den Menschen aus Erde vom Acker und blies ihm den Odem des Lebens in seine Nase. Und so ward der Mensch ein lebendiges Wesen« (Genesis 2,7).

Ich habe das nie so richtig verstanden, wieso der Mensch aus Erde, aus Staub geschaffen worden sein soll. In diesem Zusammenhang bekommt jedoch die Tatsache, dass im Sternenstaub einer *Supernova* (einem explodierenden Stern) exakt jene chemischen Grundbausteine enthalten sind, aus denen der Mensch geschaffen ist, eine besonders erhellende Bedeutung. Der Dialog zwischen Glaube und Naturwissenschaften ist spannend und bereichernd. Er hilft uns, die biblischen Texte (auch den Schöpfungsbericht) in einer größeren Tiefe und Weite zu verstehen.

Da will ich sein, wo man sich als Christ nicht einfach zurückzieht aus Angst vor neuen, den Glauben eventuell gefährdenden Meinungen und Erkenntnissen, sondern neugierig und gespannt das Neue auf das Alte wirken lässt. Wenn mein Glaube so klein und schwach ist, dass er anderem nicht standhält, stimmt mit ihm etwas nicht. Von Jörg Zink kenne ich den Satz: »Menschen, die keine Religion brauchen, haben auch eine Religion, die man nicht braucht!« Da will ich sein und das lasse ich mir dann auch gerne ab und zu einen Zwischenruf im Konzert kosten.

Treffen sich zwei Planeten im Weltall, sagt der eine zum anderen: »Du siehst aber schlecht aus!«, sagt der andere: »Ja, ich hab' mir einen ›homo sapiens‹ eingefangen!« Darauf wiederum der erste: »Lass mal, das geht auch vorbei!«

Da, wo ich bin, da *muss* ich sein!

Es gibt Situationen, in denen haben wir keine Wahl. Es gibt Dinge, die du machen musst, denn das kann keiner sonst.

Vor etlichen Jahren spazierte ich mit einer Bekannten an der Kieler Förde. Es war Ende Mai und die Sonne schien. Wir unterhielten uns angeregt, schauten dabei immer wieder hinaus aufs Wasser. Wir beobachteten die Fischer und die Kähne, die da ein- und ausfuhren. Plötzlich rief mir einer der Seeleute zu: »Können Sie schwimmen?« – »Natürlich kann ich schwimmen!«, rief ich zurück. »Da ist einer ins Wasser gefallen und treibt da nun!«, erwiderte der Mann und deutete dabei auf ein Bündel, das etwa zehn Meter vom Ufer im Hafenbecken trieb. Ohne weiter zu überlegen zog ich mich bis auf die Unterhose aus und sprang in das wirklich noch sehr kalte und ziemlich ölverdreckte Hafenbecken.

Schnell erreichte ich den Ertrinkenden, packte ihn beim Schopf, drehte ihn herum, sodass der Kopf nach oben zeigte. Aus seinem Mund quoll weißer Schaum und ich zog ihn am Nacken an den Betonrand des Beckens. Von oben griffen kräftige Feuerwehrleute nach dem schlaffen, kalten und glitschnassen Körper: Der Mann war tot! Für mich gab es in diesem Moment keine Alternative: Ich musste da sein!

Später habe ich mir überlegt, dass die Fischer vielleicht doch alle schwimmen konnten und vielleicht nur keine Lust hatten, in das kalte und schmutzige Wasser zu springen. Wahrscheinlich hatten die anschließend einen Mordsspaß und haben sich über diesen eilfertigen Touristen lustig gemacht, der versucht hatte, einen offensichtlich betrunkenen Penner, der im Suff ins Wasser gefallen war und dort einen Herzschlag erlitten hat, zu retten.

»Da, wo ich bin, da *muss* ich sein!« Der bereits erwähnte Jens Corssen schreibt dazu in seinem Buch: »Wer das Bewusstsein von Alternativen hat, will in der Regel da sein, wo er ist!« Was aber geschieht, wenn ich tatsächlich keine Alternativen habe? Es gibt Situationen, in denen gelingt es nicht zu sagen: »Da, wo ich bin, da will ich sein!« Jemand, der an Krebs erkrankt ist, will nicht da sein, wo er ist. Er oder sie hat sicher Alternativen, *wie* man diese Krankheit behandelt, aber zur Krankheit selbst gibt es keine Alternative. Jemand, der aus seiner Heimat fliehen muss, will nicht da sein, wo er ist. Er oder sie wäre liebend gerne zu Hause, aber dort wartet die Verfolgung und schlimmstenfalls der Tod. Hier gilt: »Da, wo ich bin, da muss ich sein – es geht nicht anders!«

Bei den Berichten über das Leben Jesu begegnet uns immer wieder dieses »muss« (auf Griechisch »*dei*«), mit dem angedeutet wird, dass Jesus im Grunde keine Wahl hatte, sondern seiner Bestimmung und seinem von Gott gegebenen Auftrag folgen musste. Verstärkt taucht dieses »Muss« in den Leidensankündigungen Jesu auf: »Zuvor aber muss er (der Menschensohn) viel leiden und verworfen werden von diesem Geschlecht!« (Lukas 17,25). Dieses schicksalhafte »Muss« wird zum einen innerbiblisch begründet: »... damit die Schrift (die Prophetien) erfüllt werden ...« (zum Beispiel Lukas 22,37; Johannes 13,18). Zum anderen ist es wohl auch die zwangsläufige Folge des Erdenwirkens Jesu gewesen.

»Ohne Frage musste Jesus früher oder später mit einem Einschreiten der jüdischen Behörden rechnen. Er war mit den Vertretern des in der jüdischen Theokratie geltenden Gesetzes fortgesetzt in grundsätzliche Konflikte geraten, denn er hatte die Gesetzespraxis nicht nur öffentlich lehrend infrage gestellt, sondern sie durch sein Heilen am Sabbat provoziert und selber durchbrochen ... Jesus musste erwarten, was in seiner jüdischen Umwelt als Prophetenschicksal galt.«[6] Und doch ist es spannend und heilsam, bei Jesus zu sehen, wie aus dem »ich muss« ein »ich will« wurde. Diese Spannung zieht sich durch das ganze Leben

[6]   Leonhard Goppelt, Theologie des Neuen Testaments, Göttingen 1981, S. 239

Jesu von seiner Geburt, über sein Predigen und Handeln und den Tod am Kreuz, bis hin zur Auferstehung.

Von der Geburt

Maria: Was für eine ungewöhnliche tapfere Frau! Sie steht im Mittelpunkt der Weihnachtsgeschichte. Und von ihr können wir sehr viel lernen: Es ist eine haarsträubende Situation, in die Maria als junge Frau hineingeschleudert wird. Gerade der Pubertät entronnen, erhält sie aus heiterem Himmel von einem göttlichen Gesandten die Botschaft, dass sie schwanger werde und einen Sohn gebären wird – obwohl sie noch Jungfrau ist. Diesen Sohn soll sie Jesus nennen und er wird »der Sohn Gottes« genannt werden. Haarsträubend – das kann man bis heute keinem halbwegs vernünftigen Menschen erklären! Auch Maria hat es nicht verstanden: »Wie soll ich schwanger werden, wenn ich doch von keinem Mann weiß?«, fragt sie in Lukas 1,34.

Der Bote Gottes erzählt etwas von einem »Heiligen Geist, der über sie kommen, und der Kraft des Höchsten, die sie überschatten werde« (Lukas 1,35). Merkwürdig und abstrus das Ganze. Wir können nur ahnen, welchen Anfeindungen Maria in der Folgezeit ausgesetzt war: »Das können Sie doch keinem erklären, ›der Heilige Geist ist über mich gekommen …‹. Wie soll man sich das vorstellen?« Eigentlich kann man sich nur vorstellen, dass Maria das Ganze mehr oder weniger geheim gehalten hat. Erklären und erzählen konnte sie das niemandem. Zu schnell wäre der Vorwurf gekommen: »Du bist ein Flittchen!« Und hätte sie sich womöglich verteidigt und etwas vom »Heiligen Geist« erzählt, wäre sie sofort mit dem Vorwurf der Gotteslästerung gesteinigt worden.

Auch im Koran wird die Geburt Jesu als eine jungfräuliche Geburt unter einer Dattelpalme beschrieben. Und als

Maria in ihr Dorf zurückkommt, muss sie sich als »Dirne« beschimpfen lassen. An Maria können wir erkennen, wie schmerzhaft und schwer es sein kann zu sagen: »Da, wo ich bin, da will ich sein!« Denn es ist ja zunächst einmal ein Auftrag, der in die Erkenntnis mündet: »Da, wo ich bin, da *muss* ich sein!«

Mit dem normalen Menschenverstand ist das, was da geschehen sein soll, nicht nachvollziehbar. Und wenn wir Sonntag für Sonntag in unserem Glaubenbekenntnis laut sagen: »... geboren von der Jungfrau Maria ...«, sollten wir uns einmal überlegen, was wir denn da sagen. Glauben wir das wirklich? Glauben wir tatsächlich, dass Jesus von einer Jungfrau geboren wurde? Oder sprechen wir das einfach so mit, weil wir es so gelernt haben und man ja schließlich nicht immer alles hinterfragen kann. Wie würden Sie denn reagieren, wenn Ihre Tochter oder Enkelin plötzlich schwanger würde und dann behaupten würde: »Ich hatte keinen Sex, ich hatte nur so einen merkwürdigen Traum und dann bin ich schwanger geworden ...«? Kein Wort würden Sie ihr glauben!

Manch einer denkt jetzt vielleicht: »Ja genau, die Sache mit der Jungfrauengeburt habe ich sowieso noch nie glauben können. Endlich sagt's mal einer ...« Der wichtigste Satz in dem ganzen Wirrwarr um die Jungfrauengeburt ist die Aussage des Boten: »Bei Gott ist nichts unmöglich!« Trotz aller Fragen und Zweifel wissen und ahnen wir, dass bei der Geburt Jesu wirklich etwas ganz Besonderes geschehen sein muss. Dass hier von vornherein etwas ganz anderes im Spiel war und dass die Formulierung in unserem Glaubensbekenntnis »... geboren von der Jungfrau Maria ...« für die Tatsache steht, dass die Möglichkeiten Gottes unsere Möglichkeiten und das, was wir uns vorstellen können, bei Weitem übersteigen.

Vielleicht können Sie den Satz aus dem Glaubensbekenntnis zur Jungfrauengeburt nun mit Ihrer eigenen Glaubenserfahrung neu füllen, und zwar als Verheißung: »So, wie an der Geburt Jesu deutlich wird, dass Gottes Möglichkeiten viel größer sind als mein eigener Horizont, so darf ich auch darauf vertrauen, dass die Möglichkeiten Gottes in meinem Leben viel größer sind, als ich es für möglich halte.« *Das* möchte ich glauben. Dann wird der christliche Glaube etwas ungemein Spannendes, denn ich rechne mit der stetigen Erweiterung meines eigenen Horizontes.

Genau das hat Maria erfahren und bei einem Besuch bei ihrer Verwandten Elisabeth bricht es plötzlich aus ihr heraus:

Und Maria sprach: Meine Seele erhebt den Herrn, und mein Geist freuet sich Gottes, meines Heilands; denn er hat die Niedrigkeit seiner Magd angesehen. Siehe, von nun an werden mich seligpreisen alle Kindeskinder; denn er hat große Dinge an mir getan, der da mächtig ist und des Name heilig ist. Und seine Barmherzigkeit währet immer für und für bei denen, die ihn fürchten. Er übt Gewalt mit seinem Arm und zerstreut, die hoffärtig sind in ihres Herzens Sinn. Er stößt die Gewaltigen vom Stuhl und erhebt die Niedrigen. Die Hungrigen füllt er mit Gütern und lässt die Reichen leer ausgehen. Er denkt der Barmherzigkeit und hilft seinem Diener Israel wieder auf, wie er geredet hat unsern Vätern, Abraham und seinem Samen ewiglich.
(Lukas 1,47–55)

Maria ist ganz erfüllt. Sie fühlt sich von Gott, dem Schöpfer des Kosmos, wertgeschätzt und mit dem Baby wächst ihr Selbstbewusstsein. Wie schön und wie stark ist eine selbstbewusste schwangere Frau! Sie trägt die Zukunft unter ihrem Herzen:

Meine Seele erhebt den Herrn, und mein Geist freuet sich Gottes, meines Heilands; denn er hat die Niedrigkeit seiner Magd angesehen. Siehe, von nun an werden mich seligpreisen alle Kindeskinder; denn er hat große Dinge an mir getan, der da mächtig ist und des Name heilig ist.
(Lukas 1,47–49)

»*Der* hat große Dinge an mir getan …« – Und dann folgt eine Beschreibung von Gott. Maria ist die Allererste, die an Jesus glaubt. Eine werdende Mutter glaubt an ihr Kind, glaubt, dass es eine Zukunft hat, glaubt, dass es gesund und heil zur Welt kommt – das ist normal. Der Glaube Marias an ihr Kind wird noch einmal verstärkt und bekommt eine andere Qualität dadurch, dass sie weiß, dass hier in ihr etwas Göttliches geschieht. Das verändert auch ihr Leben. Und sie erfährt ihren Glauben als eine totale Horizonterweiterung:

> … denn er hat die Niedrigkeit seiner Magd angesehen. Siehe, von nun an werden mich seligpreisen alle Kindeskinder.
> *(Lukas 1,48)*

Aus der Magd wird eine Königin, »von der Tellerwäscherin zur Millionärin« – der amerikanische Traum! Atemberaubend auch Marias Erkenntnis: »Gott, der Schöpfer Himmels und der Erden, hat große Dinge an mir getan und ich weiß jetzt, dass er mächtig ist, und ich weiß, dass sein Name heilig ist!«

Maria möchte uns Mut machen, dem göttlichen Kind Raum zu geben. Sie möchte uns Mut machen, Gott an die erste Stelle in unserem Leben zu rücken. Genau das tut eine werdende Mutter, wenn sie verantwortlich mit ihrer Schwangerschaft umgeht: Sie setzt das Wohl des Kindes an allererste Stelle. Wir haben erbauliche Gefühle an Weihnachten, schlechtes Gewissen an Karfreitag, Frühlingsgefühle an Pfingsten und ein bisschen Dankbarkeit an Erntedank – das muss reichen und das ist dann ja auch schon eine reichlich gefüllte volkskirchliche Spiritualität. Gott möchte aber, dass die Liebe in uns neu erwacht. Seine Welt stellt die Maßstäbe dieser Welt im Namen der Liebe und der Barmherzigkeit grundlegend auf den Kopf:

> Seine Barmherzigkeit währet immer für und für bei denen, die ihn fürchten. Er übt Gewalt mit seinem Arm und zerstreut, die

hoffärtig sind in ihres Herzens Sinn. Er stößt die Gewaltigen vom Stuhl und erhebt die Niedrigen. Die Hungrigen füllt er mit Gütern und lässt die Reichen leer ausgehen.
(Lukas 1,50–52)

Danach sehnen wir uns: dass die Hungrigen endlich genug zu essen bekommen, dass die Verteilung der Güter auf dieser Welt so gestaltet wird, dass wir sagen können: Es ist gut! Und es ist ein Wesenszug des Christentums, sich um die Armen und Benachteiligten zu kümmern.

Als Christ bin ich mittendrin in einer Bewegung, die sich um Frieden, Gerechtigkeit und Bewahrung der Schöpfung kümmert und sich darin engagiert. Anders wollte ich gar nicht leben – genau da will ich sein! Wir haben eine Verantwortung für diese Welt und für die Generationen nach uns. Und es gibt noch viel zu tun. Wir sind mitten auf einem langen, manchmal steinigen Weg.

Alles andere, was Maria besingt, können wir allenthalben beobachten, wie es sich in atemberaubender Geschwindigkeit vollzieht:

Er zerstreut, die hoffärtig sind in ihres Herzens Sinn. Er stößt die Gewaltigen vom Thron …
(Lukas 1,51f.)

Am Abgrund einer Weltwirtschaftskrise bekommen diese Worte wieder einen neuen Klang. Verantwortungslose Finanzjongleure, die sich mit einer unglaublichen Arroganz tatsächlich für die Elite dieser Welt gehalten haben, befinden sich auf einmal im freien Fall und *nichts*, was vorher gegolten hat, stimmt mehr. Auf einmal sieht man diese arroganten Schnösel von der *Wall Street* wieder in Kirchen auftauchen und ertappt sie auf den Knien beim Gebet.

Was bleibt, wenn alles um mich herum zerbricht und zerfällt? Was hält mich, wenn mir alle Felle davonschwimmen? Auf einmal stellen wir fest, dass die Kosten viel, viel höher sind, als wir gedacht und veranschlagt haben. Und mancher fragt sich: »Wollen wir wirklich da sein, wo wir sind? Sind die Kosten mittlerweile nicht viel zu hoch?«

»Seine Barmherzigkeit währet immer für und für bei denen, die ihn fürchten!«, ruft uns Maria voll Freude zu und sie kann, ja sie muss es ausrufen, weil sie erfüllt ist von der Gegenwart Gottes.

Wir wissen nicht, was die kommenden Jahre bringen werden. Es ist schon merkwürdig, wie sich die verschiedenen Institute bemühen, sich gegenseitig mit ihren düsteren Prognosen zu übertreffen. Allerdings sind wir Deutschen auch Meister im Lamentieren und Schwarzsehen. So werden wir wohl, egal wie schlimm es kommt, immer auf einem sehr hohen Niveau lamentieren.

Aber eines ist sicher:

> Seine Barmherzigkeit währet immer für und für bei denen, die ihn fürchten.
> *(Lukas 1,50)*

Ich kann in meinem Leben ein Fundament entdecken, das nicht abhängig ist von den Schwankungen des Aktienindexes: »Fürchten« ist in der Bibel ein anderes Wort für »von ganzem Herzen glauben«. Ich möchte von Maria lernen, mein Herz und mein Leben ganz neu für das Wunder des Glaubens zu öffnen, der jungfräulich, sprich: nicht von uns gemacht, in unserem Leben Raum gewinnen kann. Der Glaube ist ein Geschenk, und glücklich ist der Mensch, der glauben kann. Denn dieser Glaube öffnet mir die Augen für die Wunder, die mich umgeben. Dieser Glaube erschüttert die Grundmauern unserer ewigen Klage, öffnet unser Herz und lässt uns Offenheit erfahren und dieser Glaube befreit uns zu der dankbaren Erkenntnis: »Da, wo ich bin, da darf ich sein!«

Jesus als Zwölfjähriger im Tempel

Von Jesus wird erzählt, wie er als zwölfjähriger Junge mit seinen Eltern eine Reise zum Passafest nach Jerusalem unternahm. Als die Familie nach drei Tagen wieder abreiste, bemerkten Jesu Eltern zunächst nicht, dass ihr Sohn nicht mitgekommen ist. Sie dachten vielleicht, er sei mit einem anderen Teil der Reisegesellschaft schon auf dem Weg nach Hause. Nach einer Tagesreise stellten sie fest, dass etwas nicht stimmt, und so suchten sie den Jungen bei den Freunden und Verwandten.

Als er dort nicht zu finden war, machten sie sich wieder auf den Weg zurück nach Jerusalem. Dort suchten sie drei weitere Tage nach ihm. Drei Tage – heutzutage würde man da als Eltern Himmel und Hölle in Bewegung setzen. Da würden bereits die Polizeihubschrauber mit Wärmebildkameras über den Wäldern kreisen. Aber auch Maria und Josef haben sich entsetzliche Sorgen um ihren Sprössling gemacht.

Nach drei Tagen fanden sie ihn endlich: im Tempel sitzend, umringt von Schriftgelehrten. Maria und Josef taten das, was wohl alle Eltern in solch einer Situation tun würden: sie stellten ihr Kind ordentlich in den Senkel: »Wie kommst du dazu, uns solch einen Ärger und solche Sorgen zu machen?« Jesus antwortete ihnen zumindest für einen Zwölfjährigen mit einer solchen Coolness, die wir heute wohl eher als altklug und frech einordnen würden: »Wisst ihr nicht, dass ich in meines Vaters Haus sein muss ...«

Was für eine Freiheit hatte dieser junge Jesus, einfach loszugehen und seiner inneren Stimme zu folgen! Er hatte die Freiheit, sich auszuprobieren, zu schauen, ob der Impuls, den er in sich spürte, auch trug. Diese Freiheit ist unglaublich wichtig, denn hier lernt ein Heranwachsender, sich selbst und der eigenen Wahrnehmung zu trauen. Ich muss für mich selbst herausfinden, was für mich gut und richtig ist.

Seit einigen Jahren spielen wir in unseren Konzerten das Lied »Mach, was du am besten kannst!«. Darin heißt es: »Der dir deine Flügel stutzt, hat oft die eignen nicht benutzt, blieb immer nur am Boden und wäre doch so gern geflogen.« Viele von uns haben als Kinder und Jugendliche erleben müssen, wie sie von Erwachsenen manchmal niedergemacht und klein gehalten wurden. Der vernichtende Satz: »Das kannst du nicht!« zieht sich dann oft wie ein Lebensskript durch die ganze Existenz.

Ich hatte das Glück, dass ich weitgehend in einem Freiraum aufwachsen durfte, in dem ich mich ausprobieren konnte: als Jugendgruppenleiter, als Gitarrist, als Schulsprecher, als freier Mitarbeiter der örtlichen Tageszeitung, als Organisator von Schulfesten und Schulgottesdiensten und später als Sänger und Liedermacher. Das ist, bei allen Anstrengungen und Risiken, die es birgt, ein erfülltes und freies Leben. Die Möglichkeit, etwas frei zu gestalten, ist für mich beglückend.

Und doch begegnet uns in dieser Erzählung eine neue Variante: »… wisst ihr nicht, dass ich in meines Vaters Haus sein muss?« (Lukas 2,49). Nun also die Aussage: »Da, wo ich bin, da *muss* ich sein!« Und in der Tat zieht sich dieser Ausdruck »muss« (im Griechischen: »*dei*«) wie ein roter Faden durch die Selbstaussagen Jesu: »Der Menschensohn *muss* überantwortet werden …« (Lukas 9,44); »Ich *muss* heute in deinem Haus einkehren!« (Lukas 19,5); »… was du tun *musst*, das tue bald …« (Johannes 13,27).

Und doch hat Jesus schon sehr bald zu einer Lebenshaltung gefunden, welche die Selbstaussage »… da *muss* ich sein« in die Selbstaussage: »… da will ich sein« münden ließ. Das ist eine wichtige Entwicklung, mit der Jesus bis zum Schluss gekämpft hat, dass aus dem »ich muss« ein »ich will« wird. So manche Verbitterung von Menschen, die sich früh im Leben zum Beispiel in den Dienst einer Ordensgemeinschaft gestellt haben, rührt aus der Tatsache, dass diese Menschen es nicht geschafft haben, sich von einem »ich muss« zu einem »ich will« durchzuringen. Das ist leichter gesagt, als getan. Mit allen oben bereits gemachten Einschränkungen gilt jedoch auch hier: Auch jemand, der seine kranke, bettlägerige Mutter gewissermaßen rund um die Uhr zu Hause pflegt, »weil man das ja muss« und »weil es doch nicht geht, dass man die Mutter in ein Altenheim abschiebt«, fährt auf lange Sicht emotional viel besser, wenn er oder sie sich mit sich selbst darauf einigt, dass man das »will« und nicht nur »muss«.

Vom »Müssen« zum »Wollen«

Gleich zu Beginn des Wirkens Jesu, unmittelbar nach seiner Taufe, wurde er auf eine harte Bewährungsprobe gestellt. Die Taufe Jesu wird im Neuen Testament als die eindeutige Berufung Jesu dargestellt, bei der die Stimme Gottes hörbar wurde: »Dies ist mein geliebter Sohn, an dem ich Wohlgefallen habe!« (Matthäus 3,17). Nach diesem starken Urerlebnis wurde Jesus vom Geist Gottes in die Wüste geführt und in dieser Wüste sollte er vom Teufel versucht werden.

Wenn jemand sich in die Wüste begibt, weiß er: Jetzt beginnt eine Zeit, in der ich auf vieles, was für mich selbstverständlich ist, verzichte. Ich verzichte auf Komfort, Unterhaltung, Geselligkeit, gutes Essen und so weiter. Wenn man sich dann noch wie Jesus dafür entscheidet, 40 Tage und 40 Nächte lang zu fasten, bedeutet dies: Der ganze Mensch ist leer geräumt – seine Verdauung, sein Kopf, sein Körper – alles frei gemacht von dem Gewohnten.

> Und da er vierzig Tage und vierzig Nächte gefastet hatte, hungerte ihn. Und der Versucher trat zu ihm und sprach: Bist du Gottes Sohn, so sprich, dass diese Steine Brot werden.
> (Matthäus 4,2f.)

Wenn man sich vorgenommen hat, eine bestimmte Zeit zu fasten und dann wieder zu Speis und Trank und zum alten Leben zurückzukehren, dann läuft die innere Uhr. Man freut sich und bereitet sich auf den großen Moment vor, an dem man endlich wieder essen und trinken darf und zum normalen Leben zurückkehrt. Genau an dieser Schnittstelle packt der Teufel Jesus und sagt: »Wenn es wirklich stimmt, was die Stimme aus dem Himmel vor vierzig Tagen gesagt hat: ›Dies ist mein geliebter Sohn, an dem ich Wohlgefallen habe‹, dann kannst du das jetzt doch einmal überprüfen! Dann ist es doch eine Leichtigkeit für dich, zu den paar Felsbrocken zu sagen: Bitte werdet zu Brot – bitte verwandelt euch in etwas, worauf ich mich seit Tagen freue!«

Diese Erfahrung können wir auch heutzutage machen: Angenommen, ich nehme mir vor, dass ich die nächsten sieben Wochen keinen Alkohol trinke, dann klappt das wunderbar. Es ist richtig schön: Ich kaufe die sonderbarsten nichtalkoholischen Getränke, braue wundersame Tees und entdecke die vielen kalorienarmen Möglichkeiten zur geselligen Flüssigkeitsaufnahme. Ich entdecke: Ich kann auch ohne Alkohol fröhlich sein, habe abends mehr Zeit und bin am nächsten Morgen fitter. Ganz nebenbei nehme ich sogar auch noch ein bisschen ab!

Und dann kommt in der dritten Woche der Geburtstag von XY. Ihr stinkt es sowieso schon, dass sie immer in der Fastenzeit ihren Geburtstag feiern muss. In dieser Situation kommen aus allen Ecken die kleinen Teufelchen angeflogen: »Es ist doch fast schon Halbzeit – *eine* Ausnahme kannst du doch einmal machen … Wenigstens ein Gläschen Sekt … Sei doch kein Spielverderber«, und so weiter. Oder noch besser: »Wenn du das so starr einhalten musst, hast du ja scheinbar wirklich ein Alkoholproblem!« Genau das ist der Punkt: Ich muss gar nichts, sondern ich *will* verzichten. Ich will das einmal ausprobieren und sehen, was dann passiert. Ich habe die Freiheit und die Möglichkeit, an meinem frei gewählten Weg festzuhalten. Ich habe mehr Möglichkeiten als jemand, der nicht verzichtet. Da, wo ich bin, da will ich sein – auch im Fasten!

Doch die Anfrage des Versuchers hat noch eine ganz andere Komponente: Die wohl offensichtlichste und größte Ungerechtigkeit auf dieser Welt besteht darin, dass einige viel zu viel zu essen haben und andere Hunger leiden müssen. Würde sich die Vollmacht eines Gottessohnes nicht gerade auch darin erweisen, dass er das »Brotproblem« löst? Doch Jesus lässt sich darauf nicht ein. Er antwortet der Stimme, die ihn da versucht, mit genau dem, woran er sich und sein Leben orientieren möchte – an dem lebendigen Wort Gottes:

> Der Mensch lebt nicht vom Brot allein, sondern von einem jeglichen Wort, das durch den Mund Gottes geht.
> *(Matthäus 4,4)*

Ich bin der Sohn Gottes, weil Gott es selbst gesagt hat. Das ist mehr als genug. Dazu braucht es keine weiteren Beweise, das ist die Klarheit der Wüste. Und: Das ist die Gefahr, dass ich bei der erstbesten Verlockung den Weg verlasse, von dem ich erkannt habe, dass es *mein* Weg ist, der Weg, der mir guttut. Wenn Jesus tatsächlich der Sohn Gottes ist, erweist sich das nicht an ein paar Verwandlungstricks in der Wüste, sondern dann liegt viel mehr vor und in ihm. Doch die Versuchungen hören nicht auf:

> Da führte ihn der Teufel mit sich in die heilige Stadt und stellte ihn auf die Zinne des Tempels und sprach zu ihm: Bist du der Sohn Gottes, so wirf dich hinab, denn es steht geschrieben: Er wird seinen Engeln den Befehl geben, dass sie dich auf den Händen tragen, auf dass du deinen Fuß nicht an einem Stein stößt.
> *(Matthäus 4,5f.)*

Der alte Traum vom Fliegen wird hier aufgegriffen – wie im Märchen: erst »Tischlein deck dich!« und jetzt »Ikarus«. Zu allem Übel wird der Teufel jetzt auch noch fromm (denn er hat ja bei seiner ersten Versuchung gemerkt, dass Jesus mit dem Wort Gottes argumentiert und sich gerade darin als

Sohn Gottes erweist). Seine Aufforderung macht wenig Sinn: »Wenn du der Sohn Gottes bist, stürze dich von diesem hohen Gebäude!« So ein Unsinn! Warum sollte sich ausgerechnet der Sohn Gottes vom Tempel herabstürzen? Warum sollte er fliegen können?

Erst die fromme Begründung, erst die biblische Argumentation macht die Versuchung mehr oder weniger stimmig: Wenn es stimmt, dass du der Sohn Gottes bist, dann kannst du dich fallen lassen. Gott wird alle ihm zur Verfügung stehenden Mittel aufbringen, dich zu retten. Es heißt doch: Nie kannst du tiefer fallen, als in die Arme Gottes! Beweise es mir!

Sehr klar und ohne zu zögern wischt Jesus diesen Unsinn vom Tisch. Der Sohn Gottes spricht das Wort Gottes: »Du sollst Gott, deinen Herrn, nicht versuchen!« Diese Aussage hat einen doppelten und dreifachen Boden und heißt auch: »Du sollst mich, den Sohn Gottes, auch nicht versuchen!« Und es ist die Aussage: »Da, wo ich bin, da will ich sein!« Ich will mich gar nicht vom Tempeldach stürzen, ich will auch nicht fliegen können, sondern Gott kommt durch mich zu den Menschen, um für sie da zu sein.

Gott möchte, dass wir leben, aufatmen und die Möglichkeiten in unserem Leben entdecken. Die Zeit in der Wüste hilft mir, meine Lebensmöglichkeiten neu zu entdecken. Dabei kann mir auch heute noch die Fastenzeit helfen.

> Darauf führte ihn der Teufel mit sich auf einen sehr hohen Berg und zeigte ihm alle Reiche der Welt und ihre Herrlichkeit und sprach zu ihm: Das alles will ich dir geben, wenn du niederfällst und mich anbetest.
> (Matthäus 4,8f.)

An diesem Punkt lässt der Versucher die Katze aus dem Sack. Die Spielereien sind vorbei, der Dämon setzt alles auf eine Karte und zeigt sein wahres Gesicht: Es geht ihm um Macht und um die Frage: Wer hat Macht über Jesus?

Wer hat Macht über *mein* Leben? Kann ich sagen: »Da, wo ich bin, da will ich sein!«, oder schiele ich nach fernen Reichtümern, nach ausgebliebenen Karrieresprüngen und nach vertanen Chancen (zum Beispiel, dass ich nicht wie manch anderer rechtzeitig Aktien gekauft oder verkauft habe)? Manche Unzufriedenheit in meinem Herzen kommt daher, dass ich vor den Konsumdämonen dieser Welt auf die Knie gehe, um teilzuhaben an einem noch besseren und komfortableren Leben.

Gilt heute nicht mehr denn je der Satz: »Geld regiert die Welt«? Und haben die aktuellen Weltwirtschaftskrisen nicht sehr deutlich gezeigt, dass wir lernen müssen, die Güter der Welt anders und besser zu verteilen? Über Klimaschutz wird heutzutage nur deshalb im verstärkten Maße nachgedacht, weil unsere Volksökonomen mit spitzer Feder durchgerechnet haben, dass es richtig teuer wird, wenn wir nichts tun.

Und Jesus sagt: Weg mit dir, Satan! Denn es steht geschrieben: Du sollst anbeten Gott, deinen Herrn, und ihm allein dienen! (Matthäus 4,10)

Durch diesen »Kosten-Nutzen-Dialog« mit dem Versucher ist aus dem »… da *muss* ich sein«, das Jesus als Knabe im Tempel und auch später immer wieder formuliert, in der Klarheit der Wüste ein »… da *will* ich sein!« geworden. Aus der Erzählung vom zwölfjährigen Jesus im Tempel können wir auch lernen, dass es gut ist, seinen Kostenplan parat zu haben. Es ist gut, wenn wir genau wissen, was auf dem Spiel steht und was es uns kosten würde, wenn wir zu der Entscheidung kämen: »Da, wo ich bin, will ich nicht (mehr) sein!«

Acht Mal: »zutiefst glücklich!«

Die bekannteste und sicher auch provokanteste Aussage des Jesus von Nazareth lautet:

> Liebet eure Feinde, segnet, die euch verfluchen, tut Gutes denen, die euch hassen!
> *(Matthäus 5,44)*

Kein Zitat Jesu hat die Gemüter so sehr erregt und beschäftigt wie dieses. Viele haben Jesus deshalb als weltfremden Spinner abgetan, denn niemand, so der Einwand, könne seine Feinde lieben. Jesus formuliert diesen Satz in der sogenannten Bergpredigt (Matthäus 5–7), einer mehr oder weniger programmatisch-ethischen Zusammenfassung seiner Botschaft. Bei der Lektüre der Bergpredigt fühlt man sich doch sehr schnell überfordert und denkt: Das lässt sich doch nicht erfüllen und vieles von dem, was da gefordert wird, ist reine Utopie – auf den ersten Blick.

Auf den zweiten Blick fällt auf, dass Jesus seinen Gedanken acht Thesen voranstellt, die allesamt mit »selig« beginnen. Nun kennen wir das Wort »selig« heutzutage ja eigentlich nur noch aus dem Kontext von Tod und Sterben. Wenn jemand verstorben ist, dann sagen manche: »Gott hab ihn selig.« Oder die katholische Kirche spricht hin und wieder besonders vorbildhafte verstorbene Christen »selig«. Es ist also ein Begriff, der von der Jenseitigkeit her bestimmt ist. Wer »selig« ist, ist Teil der neuen, der ewigen Welt Gottes. Er oder sie gehört zur Wirklichkeit der Auferstehung.

Aus dieser Wirklichkeit leben wir als Christen und aus dieser Perspektive sind auch die Seligpreisungen formuliert. Das ist biblisches *Reframing*: Auf den ersten Blick ist die Bergpredigt Utopie. Im Kontext der Auferstehungskraft und des Auferstehungsgeschehens ist sie jedoch eine reelle Option. Wenn Jesus nun diese Standortbestimmung der Bergpredigt voranstellt, dann sicher, um eine Vision dessen vor Augen zu halten, wohin die Reise für jemanden gehen könnte, der die Wirklichkeit der Auferstehung in seinem Leben ernst nimmt: »Da, wo ich bin, da will ich sein!«

> Selig sind, die hier geistlich arm sind,
> denn das Himmelreich ist ihnen.
> Selig sind, die hier Leid tragen,
> denn sie sollen getröstet werden.
> Selig sind die Sanftmütigen,
> denn sie werden das Erdreich besitzen.
> Selig sind, die da hungert nach Gerechtigkeit,
> denn sie sollen satt werden.
> Selig sind die Barmherzigen,
> denn sie werden Barmherzigkeit erlangen.
> Selig sind, die reinen Herzens sind,
> denn sie werden Gott schauen.
> Selig sind die Friedfertigen,
> denn sie werden Gottes Kinder heißen.
> Selig sind, die um der Gerechtigkeit willen verfolgt werden,
> denn das Himmelreich ist ihrer.
> Selig seid ihr, wenn euch die Menschen um meinetwillen
> schmähen und verfolgen und reden allerlei Übles wider euch,
> so sie daran lügen.
> Seid fröhlich und getrost, es wird euch im Himmel wohl belohnt
> werden. Denn so haben sie die Propheten verfolgt, die vor euch
> gewesen sind.
> *(Matthäus 5,3–12)*

In meinem Buch HabSeligkeiten[7] habe ich ausführlich über die Bedeutung der acht Seligpreisungen geschrieben und dabei das Wörtchen »selig« mit »zutiefst glücklich« übersetzt. Wer »zutiefst glücklich« ist, der ist auch »zutiefst frei«. Das wird besonders deutlich bei der auf den ersten Blick sehr sperrigen Seligpreisung: »Selig sind, die hier Leid tragen, denn sie sollen getröstet werden.« Unsere heutige Medien- und Kulturlandschaft zeigt, dass wir in einer Spaß-

---

[7]   erschienen 2009 im Kreuz Verlag, Freiburg

gesellschaft leben. In den letzten zehn Jahren gab es einen unglaublichen »Comedy-Boom«, deren Stars mittlerweile ganze Fußballstadien füllen. Als jemand, der gerne über einen guten Witz lacht, sitze ich mitunter etwas ratlos vor diesem Phänomen, denn vieles von dem, was da geboten wird, liegt meist weit unter der Gürtellinie und ist eigentlich nicht lustig. Trotzdem strömen die Massen. Ich fühle mich etwas an die Zeiten des untergehenden Roms erinnert, wo man versucht hat, mit »Brot und Spielen« die Massen von den eigentlichen (wirtschaftlichen und politischen) Problemen abzulenken.

Nun darf man »Spaß« nicht mit »Glück« verwechseln, das macht auch diese Seligpreisung besonders deutlich: Wer Spaß um jeden Preis haben will, muss das Leid und die Trauer verdrängen. Wenn ich jedoch zum Beispiel die Trauer um einen geliebten Menschen nicht zulasse, weil ich permanent spaßig sein will, kann ich nicht getröstet werden. Auf lange Sicht führe ich also ein »trostloses Leben«, wenn ich nicht bereit bin, mich auch meiner Trauer zu stellen. Zutiefst glücklich kann ein Mensch nur sein, wenn er oder sie es schafft, das Leid so im Leben zu integrieren, dass auch die Tränen einen guten Raum einnehmen können. Nur dann kann ich getröstet werden. Es macht keinen Spaß, am Sterbebett eines geliebten Menschen auszuharren, aber es kann zutiefst beglückend sein, diesen geliebten Menschen hinüberzubegleiten in eine andere Dimension.

Die Seligpreisungen vermitteln: »Da, wo du zum Beispiel friedfertig bist, bist du zutiefst glücklich!« Es gibt also auch Daseinsformen, nach denen wir uns nach dem Motto »Da, wo ich noch nicht bin, da möchte ich einmal sein!« ausstrecken können. Die Seligpreisungen malen solch eine Vision: Nur wer überfordert, kann auch zur Nachfolge aufrufen. Das tut Jesus. Deshalb steht auch am Ende dieses Buches das Kapitel »Bitte frei machen!«.

Die »Ich-bin«-Worte

Schon zu Lebzeiten war Jesus für die Menschen ein Rätsel. Das wird zum Beispiel an der Erzählung in Markus 8,27ff. deutlich, die davon berichtet, dass Jesus seine Jünger befragt, für wen ihn die Menschen halten. Diese antworten: »Manche halten dich für Johannes den Täufer, andere für Elia oder sonst einen Propheten ...« Da fragt er sie weiter: »Und für wen haltet ihr mich?« Petrus antwortet: »Du bist der Christus!«, also: »Du bist der Gesalbte, der Messias, auf den wir warten!«

Bis heute finden wir rund um die hohen Feiertage das Konterfei des Jesus von Nazareth auf den Titelseiten der gängigen Illustrierten. Immer wird dabei gefragt, wer war oder ist eigentlich dieser Jesus? Wie spannend also, wenn sich Jesus diesem Geheimnis selbst stellt und im Johannesevangelium sieben Mal »Ich bin« sagt: »Ich bin das Brot des Lebens«, »Ich bin das Licht der Welt«, »Ich bin die Tür«, »Ich bin der gute Hirte«, »Ich bin die Auferstehung und das Leben«, »Ich bin der Weg« und schließlich: »Ich bin der Weinstock und ihr seid die Reben«. Für unser Thema von besonderer Bedeutung ist das letzte »Ich-bin«-Wort, denn hier wendet sich Jesus an seine Zuhörer und sagt: »Ihr seid ...« Doch auch die anderen Selbstaussagen können mir helfen, herauszufinden wer *ich* eigentlich bin: Welche Bilder würde ich wählen, um zu beschreiben, was mich und mein Leben ausmacht?

»Ich bin die Tür«, sagt Jesus und knüpft damit an ein spannendes Bild der Bibel an. Türen spielen ja auch in der bereits verhandelten Erzählung von Paulus und Silas eine wichtige Rolle. Ich möchte deshalb dieses und zwei andere »Ich-bin«-Worte Jesu herausgreifen: Gleich die erste biblische Erzählung »außerhalb des Paradieses« kommt nicht mehr ohne eine Tür aus. Nur im Paradies konnte man es sich leisten, keine Türen zu haben. Außerhalb »lauert die

Sünde vor der Tür, wenn du nicht fromm bist …« (1 Mose 4,7). Nur wer im Paradies lebt, braucht sich nicht abzugrenzen, muss sein Eigentum nicht schützen und will nicht nur seine Ruhe haben. In der normalen Welt brauchen wir immer eine Tür, die uns schützt. Ohne Tür keine Arche Noah, ohne Tür keine Türpfosten, ohne bestrichene Türpfosten keine Errettung des Volkes Israel, ohne Tür keine Stiftshütte, kein Tempel, kein Wunder im Feuerofen, ohne Tür kein Stall zu Bethlehem, ohne Tür, der Zimmermann Joseph brotlos, und ohne Tür auch keine Himmelstür.

Ein kleiner Durchmarsch durch die Bibel anhand der Tür zeigt uns, dass Jesus hier ein elementares biblisches und menschliches Bild aufgreift, wenn er sagt: »Ich bin die Tür.« Aber er ist nicht irgendeine Tür: »Ich bin die Tür zu den Schafen« – »Wer nicht zur Tür in einen Schafstall hineingeht, sondern durch ein Fenster oder eine Hintertür oder sonst wo, führt nichts Gutes im Schilde – ist ein Dieb oder Räuber.«

Auch das können wir tagtäglich erleben, dass Leute versuchen, uns über die elektronische Hintertür in Form des Fernsehens oder Internets über den Tisch zu ziehen und uns zu übervorteilen. Sie wollen uns Dinge aufschwatzen, die wir nicht brauchen, uns Traumwelten vor Augen malen, die uns unzufrieden machen. Es sind Diebe und Räuber, die über das Fenster kommen. Und wir laden sie via Facebook, Twitter und »wer kennt wen« auch kräftig ein. Ich finde es in diesem Zusammenhang schon bemerkenswert, dass Microsoft sein Computerprogramm »Windows«, also »Fenster«, genannt hat. Jesus warnt ausdrücklich vor dem, »was durch die Fenster« in unsere behütete Behausung eindringen kann: »Ich bin die Tür, wenn jemand durch mich eingeht, der wird gerettet werden und wird ein- und ausgehen und Weide finden« (Johannes 10,9). Jesus bezeichnet sich selbst als Tür, als Eröffnung zum Leben, als Kontrast zu »dem Dieb, der nur kommt, damit er stehle, würge und umbringe«.

Bleiben wir einmal ruhig beim Thema »Fernsehen«: Kaum ein Medium *stiehlt* uns so viel Zeit, kaum ein Medium *würgt* so viel notwendige Gespräche, Auseinandersetzungen und Zeitmöglichkeiten füreinander ab, kein anderes Medium *bringt uns um* kreative Lebensmöglichkeiten, um lebendige Beziehungen untereinander. Jesus ist deshalb die Tür, weil er für ein Leben steht, das wir selbst in die Hand nehmen und selbst gestalten müssen. Viele von uns »lassen sich leben« – leben fremdbestimmt. Jesus ist die Tür zu einem selbstbestimmten, wachen Leben – wach für die Lichtspuren Gottes in dieser Welt, die mich auf einen spannenden Weg zu einem engagierten, kreativen und liebevollen Menschsein führen.

Das Bild der Tür ist aber immer auch eine Anfrage: Will ich da, wo ich bin, sein und bleiben? Oder will ich durch eine neue Tür gehen, einen neuen Lebensabschnitt beschreiten?

Der gute Hirte

»Ich bin der gute Hirte«, sagt Jesus und greift damit ein weiteres starkes Bild aus dem Alten Testament auf. Neben den Zehn Geboten und dem Vaterunser dürfte der 23. Psalm der wohl bekannteste Text der Bibel sein. Es ist ein altes Lied mit der ganz einfachen Aussage: Ich bin bei dir.

Mit dem Bild vom guten Hirten greift Jesus auf einen der ältesten Berufe der Menschheit zurück: Seit Jahrtausenden gibt es Hirten, die mit ihrer Schafherde von Weide zu Weide ziehen. Ihre Aufgabe ist es, dafür zu sorgen, dass die Schafe immer genug zu fressen haben und dass es genügend Lämmer gibt. Heute ist das einzige halbwegs noch rentable Produkt der Schafhaltung das Lammfleisch und zumindest in unseren Regionen spielt die Schafwolle wirtschaftlich keine Rolle mehr. Neben dem Fleisch ist es dann noch die Landschaftspflege, für die Schafherden auch heute noch unverzichtbar sind. Viele Hirten haben Verträge mit Kommunen und den Auftrag, dafür zu sorgen, dass der Bewuchs niedrig gehalten wird und landschaftstypische Gras- und Heideflächen nicht durch Buschwerk verschwinden.

So befindet sich der Hirte auch in einem gewissen Zwiespalt, denn längst nicht jede Fläche, die da gepflegt und abgegrast werden muss, enthält jene Pflanzen und Kräuter, die für ein gutes Fleisch sorgen. So gilt es bei der Auswahl der jeweiligen Weide einen guten Kompromiss zu finden. Schafe lieben zum Beispiel Klee. Wenn man jedoch ein Schaf zu lange und zu viel Klee fressen lässt, fällt es irgendwann tot um, weil der Magen zu sehr aufschäumt. Das Gleiche gilt für Raps – darauf muss der Hirte achten und seine Herde gegebenenfalls weitertreiben.

Bei diesem Weitertreiben spielt der Hirtenhund eine entscheidende Rolle. Es ist faszinierend, solch einen Schäferhund zu beobachten, wie er völlig selbstverständlich die Tiere in Schach hält und ganz genau auf die Befehle des Hirten achtet. Ein guter Schäferhund achtet von ganz alleine darauf, dass die Herde beisammenbleibt. Dabei ist er hoch konzentriert und mit großem Eifer bei der Sache. Er wartet nicht auf irgendeine Belohnung (wie das zum Beispiel bei Spürhunden der Polizei üblich ist), sondern man hat den Eindruck, dass das Schafehüten Belohnung genug sei: »Da, wo ich bin, da will ich sein!«

Vor einiger Zeit haben wir mit einer Gruppe von Pfarrerinnen und Pfarrern einen Hirten bei seiner Arbeit begleitet und sind mit ihm und seinen beiden Hunden von Weide zu Weide gezogen. Das ist insofern bemerkenswert, als wir Pfarrer ja auch »Pastoren« genannt werden und *pastor* ist der lateinische Ausdruck für »Hirte«. Da standen wir also, wir »Hirten« im übertragenen Sinne, und staunten »wie die Schafe«.

Beeindruckt von der Kommunikation zwischen Hirte und Hund fragten wir uns, wofür der Hund wohl in unserer Gemeindearbeit stehen könnte. So einen treuen Gefährten, der dem Hirten unbedingt gehorcht und selbstverständlich die Herde zusammenhält – den wünscht man sich zwar, aber den gibt es wohl eher nicht. Sicher, ein guter Kirchenvorstand und die vielen ehrenamtlichen Mitarbeiterinnen und Mitarbeiter erfüllen, wenn es gut läuft, diese Funktion – doch leider (oder zum Glück?) selten auf so direktem Weg. Da will dann doch jeder mitreden und mitgestalten, da gibt es Ausschüsse und Sitzungen und ehe man sich versieht, ist die Herde längst weitergezogen.

Während wir so dastanden und den Ausführungen des Hirten lauschten, näherten sich uns zwei Schafe, die offensichtlich genug gefressen hatten und die nun gekrault werden wollten, zwei Schmuseschafe also. Während der Hirte sich eher abfällig über diese beiden »Weicheier« ausließ, dachte ich bei mir – es ist schon so, wir haben als Pastorinnen und Pastoren zum einen die Aufgabe, dass »unsere Herde«, sprich die Gemeinde, gut versorgt ist, zum anderen aber auch zunehmend die Aufgabe, jene Menschen zu beachten, die noch etwas anderes suchen, wie Heimat und Nestwärme, und vielleicht auch ab und zu im übertragenen Sinne gekrault werden wollen.

In jedem Falle – und das habe ich von unserer kleinen Wanderung besonders mitgenommen – lebt die Schafherde davon, dass sie unterwegs ist und immer wieder neue Nahrung geboten bekommt. Die Aufgabe des Hirten ist es, eine gute Mischung aus leckeren und notwendigen Weideplätzen anzusteuern und darauf zu achten, dass sich die Schafe nicht überfressen. Die Aufgabe des Kirchenvorstandes ist es, die gesamte Herde/Gemeinde aufmerksam und begeistert im Blick zu haben und dafür zu sorgen, dass die Herde beieinanderbleibt.

»Achte den Hüter der Herde, wenn du willst, dass die Schafe in Frieden leben!« Diesen Rat des antiken Philosophen Sokrates möchte man so mancher Kirchenleitung ins Stammbuch schreiben. Solange ein Pastor, ein Gemeindehirte, nicht auffällt und im allgemeinen *Mainstream* »mitläuft«, schenkt man ihm seitens der Kirchenleitung keine besondere Beachtung. Das Wörtchen »Supervision« taucht in der Regel nur im Kontext von Krisen auf.

In meiner Anfangszeit als Pfarrer der Landeskirche wurde ich beauftragt, ein neues Sonderpfarramt aufzubauen, in dem Musik, Jugendkultur und Verkündigung miteinander verknüpft waren. Nach etwa drei Jahren bat ich den für mich zuständigen Propst um ein Gespräch. Wir vereinbarten einen Termin und ich eröffnete unsere Begegnung mit dem Satz: »Ich möchte einfach, dass mich seitens meiner Kirchenleitung einmal jemand fragt, wie es mir geht!« Darauf erwidert der mir durchaus wohlgesonnene Kirchenmann: »Ja, daran müssen Sie sich gewöhnen: Mich fragt auch keiner, wie es mir geht!«

Anstatt die Hirten zu stützen und zu motivieren, lassen sich manche Bürokraten der Volkskirche immer neue Demotivationshürden einfallen. Wichtige Errungenschaften, wie zum Beispiel eine Sabbatzeit nach zehnjähriger Amtszeit, werden in manchen Landeskirchen gestrichen und stattdessen neue Evaluationsprozesse eingeführt. Während meiner Vikariatsausbildung mussten wir uns vonseiten der Kirchenverwaltung ständig emotionale Wechselbäder gefallen lassen: »Wir wollen euch, aber wir wollen nicht alle, oder vielleicht doch ...« Keine schöne Situation für einen angehenden Pfarrer, der ja eine Berufung in sich fühlt und irgendwie auch seine Zukunft (und die seiner Familie) planen möchte. Und doch oder gerade deshalb gelten die alten Zusagen des Psalms 23 damals wie auch heute: Da, wo ich bin, da will ich sein!

Der Herr ist mein Hirte

Jemand sorgt sich um mich,
ich bin nicht allein.
Da steht jemand hinter mir und will,
dass ich in Frieden lebe.
Er passt auf mich auf,
nicht wie ein Polizist,
nicht wie ein Sittenwächter,
sondern wie ein Freund,

behält er mich im Blick
und ich denke:

mir wird nichts mangeln

Mir wird nichts fehlen –
kann das stimmen?
Irgendwas fehlt mir doch immer.
Nie bin ich wirklich zufrieden.
Und doch will ich darauf vertrauen,
dass mir eigentlich nichts fehlt,
dass ich nur die Augen öffnen muss
und sehen kann:
Alles, wonach ich mich sehne,
umgibt mich
und ich habe sehr viel Raum.

Er weidet mich auf einer grünen Aue

Frisches, grünes Gras.
Für ein Schaf heißt das:
genüsslich essen und satt werden.
Ich bin kein Schaf,
aber die grüne Weide mag ich auch
und das Gefühl, satt und zufrieden zu sein.
Für mich heißt das: Ich werde umsorgt
an Leib, Seele und Geist.
Mein Hunger wird gestillt – und mein Durst?

Er führt mich zum frischen Wasser

Wie das sprudelt und glitzert,
wie das schmeckt: Frisches, klares Wasser
bricht als Quelle aus dem Felsen hervor.
Wasser heißt Leben.
Die Erde erblüht und auch ich blühe auf
und fühle:

Er erquickt meine Seele

Und weiter:

Er führt mich auf rechter Straße um seines Namens
willen
und ob ich schon wanderte im finsteren Tal
fürchte ich kein Unglück
denn du bist bei mir
dein Stecken und Stab halten mich
du bereitest vor mir einen Tisch
im Angesicht meiner Feinde
du salbest mein Haupt mit Öl
und schenkst mir voll ein
Gutes und Barmherzigkeit
werden mir folgen mein Leben lang
und ich werde bleiben
im Hause des Herrn
immerdar.

Der Schluss des Psalms 23 zeigt, wo sich der Betende befindet: im Hause des Herrn. Und er beschreibt in diesem Psalm, warum er genau da sein und bleiben möchte, wo er ist: im Hause des Herrn, in der Nähe Gottes – das war damals der Tempel von Jerusalem, das kann heute eine Kirche sein, es kann aber im Grunde überall sein, wo wir die wohltuende und schützende Nähe Gottes empfinden.

Der Weinstock

»Ich bin der Weinstock und ihr seid die Reben« (Johannes 15,5), sagt Jesus. Und: »Wer in mir bleibt und ich in ihm, der bringt viel Frucht, denn ohne mich könnt ihr nichts tun.« Solch eindeutige Platzanweisung ruft nach Widerspruch, ganz nach dem Motto: »Da, wo ich sein soll, da möchte ich aber nicht sein!« Folgender Text illustriert diese Einstellung:

Von der Rebe, die vom Weinstock wegwollte

Also ich mache das nicht mehr mit. Es ist doch jedes Jahr das Gleiche für uns Reben, es ist eine zum Himmel schreiende Ungerechtigkeit! Da strengt man sich an, wächst das ganze Jahr über wie eine Wilde und wird doch ständig und immer wieder beschnitten und zurückgestutzt. Ich mache mich selbstständig, sollen die anderen sich ruhig zurechtstutzen lassen. Mit mir nicht! Ich will wild wachsen, so wie es sich für ein anständiges Lianengewächs gehört. Wild und romantisch wie meine südländischen Verwandten, die nicht zurückgestutzt werden. Ich habe die Nase voll von Sprüchen wie: »Immer schön im Drahtrahmen bleiben!« Ich will nicht im Drahtrahmen leben. Das würde dem Winzer so passen, dass ich genau so wachse und er mich im Sommerschnitt schön klein halten kann.

Früher, da hatte man wenigstens noch Kontakt. Da bekam man ab und zu noch jemanden zu Gesicht. Das konnte schon ein prickelndes Ereignis sein, wenn sich so ein junger, gut aussehender, durchtrainierter Winzer über einen beugte und beschnitt. Aber heute machen das ja alles Maschinen. Ratzfatz – so schnell schaust du gar nicht und bist schon wieder einen Kopf kürzer. Die anderen sagen immer: Das geschieht doch nur zu deinem Besten. Wenn du Rebe dich auswachsen würdest, dann wärst du am Ende zwar vielleicht doppelt so lang, aber auch unheimlich dünn und würdest nur noch Kümmerbeeren hervorbringen. Pah – das halte ich für ein Märchen, das hat ja wohl noch keiner von den ganzen Schlaubergern ausprobiert! Ich will wild wachsen, nach links und nach rechts. Ich will meine Triebe einmal so richtig ausleben und wenn am Schluss dann nur Kümmerbeeren herauskommen: Na und? Dann habe ich wenigstens meinen Spaß gehabt.

Der Weinstock antwortet:

> Ich bin der Weinstock,
> nur wenn du mit mir
> in Kontakt bleibst,
> wirst du leben, nur dann
> kann ich dich mit Wasser
> und Nahrung versorgen.
> Doch hab keine Angst,

du darfst dich entfalten
und wenn ich dich ab und zu
deine Grenzen spüren lasse,
dann deshalb, weil ich möchte,
dass du stark wirst,
und bitte bleib auch ein bisschen
wild.

Ich bin der wahre Weinstock,
die Krücken
des heutigen Weinbaus,
Erntemaschinen,
Schwefel und Pestizide,
ich brauche sie nicht.
Ich brauche dich
und du brauchst mich.
Nur gemeinsam
können wir die Trauben
reifen lassen.
Nur, wenn alle mithelfen,
kann so ein toller, rubinroter,
berauschender Wein,
nur dann
kann unser Wein
entstehen.

Ein Leib und viele Glieder

An dieses Bild vom Weinstock und den Reben erinnert auch das, was Paulus in seinem Brief an die Gemeinde von Korinth schreibt. Offensichtlich gab es dort Streitigkeiten darüber, wer welche Aufgaben erfüllen durfte. Anscheinend wollten viele predigen und nur wenige die Toiletten sauber machen oder aufräumen oder in der Küche helfen, was man ja auch verstehen kann. Paulus vergleicht nun die christliche Gemeinde mit dem menschlichen Körper und macht damit offensichtlich, dass jedes Körperteil an seinem Platz unbedingt gebraucht wird und bleiben muss, damit das Ganze funktionieren und gelingen kann:

> Wenn aber der Fuß spräche: Ich bin keine Hand, darum bin ich nicht Glied des Leibes, sollte er deshalb nicht Glied des Leibes sein? Und wenn das Ohr spräche: Ich bin kein Auge, darum bin ich nicht Glied des Leibes, sollte es deshalb nicht Glied des Leibes sein? Wenn der ganze Leib Auge wäre, wo bliebe das Gehör? Wenn er ganz Gehör wäre, wo bliebe der Geruch? Nun aber hat Gott die Glieder eingesetzt, ein jedes von ihnen im Leib, so wie er gewollt hat. Wenn aber alle Glieder ein Glied wären, wo bliebe der Leib? Nun aber sind es viele Glieder, aber der Leib ist einer. Das Auge kann nicht sagen zu der Hand: Ich brauche dich nicht; oder auch das Haupt zu den Füßen: Ich brauche euch nicht. Vielmehr sind die Glieder des Leibes, die uns die schwächsten zu sein scheinen, die nötigsten.
> *(1. Korinther 12,15–22)*

Hier spielt nun der Begriff »Berufung« eine wichtige Rolle. Es ist ein geistlicher Begriff, der noch in dem Wort »Beruf« zu finden ist. Doch für die meisten hat ihr Beruf nichts mehr mit »Berufung« im ursprünglichen Sinne zu tun, sondern ist einfach ein Job, den man eben machen muss, um Geld zu verdienen und die Familie zu ernähren. In der christlichen Gemeinde braucht es viele, vor allem auch ehrenamtliche Helferinnen und Helfer, die dazu beitragen, dass das Gemeindeleben funktioniert. Menschen werden berufen, bestimmte Dinge zu tun. Da gilt es, sorgfältig auf die Gaben zu achten, die die Einzelnen mitbringen. Wenn jemand handwerklich begabt ist, wird er in diesem Bereich unbedingt gebraucht. Dann ist es nicht sinnvoll, ausgerechnet so jemanden zu fragen, ob er nicht die Moderation in einem Gottesdienst übernehmen kann. Auch bei einem Pfarrer sollte die Gemeinde darauf achten, welche Begabungen er hat. Längst nicht jede Pfarrerin oder jeder Pfarrer hat zum Beispiel die Gabe zu predigen, kann aber dafür ein guter und sensibler Seelsorger sein. Zwar gehört es zu den

Grundaufgaben des Pfarrberufs, auch hier und da einmal eine Predigt zu halten, aber vielleicht gibt es Leute in der Gemeinde, die das besser können und die sollte die Gemeinde dann auch entdecken und fördern.

Wenn ein Ehepaar beschließt, »in die Mission« zu gehen, tun sie das, weil sie eine Berufung in sich spüren, einen Drang, den sie sich selbst nicht erklären können. Sie wissen einfach, dass es gut und richtig ist, das zu tun. »Da, wo ich bin, da will ich sein, weil ich den Eindruck habe, dass Gott möchte, dass ich dort bin!« Wenn dieser Eindruck oder diese Botschaft von Gott wirklich stark ist, macht es keinen Sinn, sich dem zu widersetzen. Am Beispiel des Propheten Jona werden wir später noch sehen, dass es schwer oder gar unmöglich ist, sich dem zu entziehen.

Auf kleinerer Ebene gibt es in jeder Gemeinde eine große Menge an Berufungen und Aufgaben und je besser diese verteilt sind, desto besser gelingt das Gemeindeleben. In diesem Zusammenhang ist es sehr wichtig, dass die Tätigkeiten, die nicht so sehr auffallen – das Reinigen der Kirche zum Beispiel, das Abwaschen in der Küche oder das Austragen des Gemeindebriefes –, von der Gemeindeleitung eine besondere Beachtung und Wertschätzung erfahren. Füße, die ständig laufen und stillstehen müssen, haben den Anspruch, auch ab und zu hochgelegt und gepflegt zu werden, sonst werden sie krank.

... bis hin zum Kreuz von Golgatha

In seinem Lied »Allein« beschreibt der Liedermacher Reinhard Mey unter anderem die Situation von Menschen, die keine Wertschätzung erfahren und die bei allem Engagement inmitten der Massen auf einmal feststellen: »Allein, wir sind allein, die Kreuzwege des Lebens gehen wir immer ganz allein ...«

Als ich diesen Text zum ersten Mal gehört habe, dachte ich: Ja genau, das trifft den Nagel auf den Kopf. Reinhard Mey hat recht: Es gibt wirklich Situationen in unserem Leben, in denen wir ganz auf uns gestellt sind und uns niemand hilft, vielleicht auch oft nicht helfen kann. Und ich dachte: Wie schön, dass der Autor den Kreuzweg als Bild gewählt hat, denn der Kreuzweg Jesu besteht aus den Stunden und Tagen größter Einsamkeit, die ein Mensch erleben kann. Auf einem Kreuzweg wollen wir nicht sein.

Und doch: Wenn wir den Kreuzweg Jesu meditieren, stoßen wir auf die Kreuzwege, die wir selbst schon gegangen sind. Da ist der Garten Gethsemane: Jesus ist allein. Selbst seine engsten Freunde bleiben zurück und merken nicht, wie viel Gefahr in der Luft liegt, während ihr Freund mit seinem Schicksal hadert und zu Gott fleht: »Abba, lieber Vater, wenn es sein kann, so lass diesen Kelch an mir vorübergehen!« Selbst in dieser Situation schaffen es die Jünger noch nicht einmal, seiner Bitte nachzukommen: »Wacht und betet mit mir ...« Als Jesus zurückkommt zu der Stelle, wo er sie zurückgelassen hat, schlafen sie. Jeder Mensch kennt beides von Kind an: im Stich gelassen zu werden und selbst andere im Stich zu lassen.

Als ich noch zur Schule ging, war ich ein sogenannter Fahrschüler, denn meine Familie wohnte damals in einem kleinen Dorf, und ich musste jeden Tag mit dem Bus in die Schule fahren. Eine Zeit lang spielte sich jeden Morgen an der Bushaltestelle dieselbe Szene ab: Wann immer ich mich der Haltestelle näherte, lösten sich zwei ältere Jungs aus der Gruppe der Wartenden und begannen mich zu piesacken, zu hänseln und herumzuschubsen. Diese beiden Jungs waren damals meine Feinde und ich war ihnen ausgeliefert, weil mir niemand beistand. Auch meine Freunde hatten mich enttäuscht, ich war einfach allein.

Richtig bitter sind solche Erfahrungen, wenn es um Leben und Tod geht. Eine Frau spürt, dass sich an ihrem Körper etwas verändert. Sie geht zu einem Arzt, der sie an eine Uniklinik überweist. Anschließend lässt sie viele Untersuchungen über sich ergehen und erhält die Diagnose: »Brustkrebs«. Die Gedanken überschlagen sich in ihr: Was passiert mit mir? Was geschieht mit meinem Körper? Wie wird meine Familie reagieren, meine Freunde? Und auf einmal bemerkt sie, dass ein langer und mitunter sehr einsamer Weg vor ihr liegt. Es ist ein Weg, den nur sie allein gehen kann und muss. Sicher sind da Freunde, ist da die Familie. Aber gehen muss sie den Weg allein. Sie muss fertig werden mit der Angst um die Zukunft, der Angst um das eigene Leben. »Allein, wir sind allein, die Kreuzwege des Lebens gehen wir ganz allein …«

Und dann der letzte Gang, wenn das Leben zu Ende geht, wie viele Menschen sterben allein, entsetzlich einsam und da ist niemand, der ihnen beisteht. Aus diesem Grund wurde und wird bis heute an vielen Orten eine Hospizhilfe gegründet. Die Menschen sollen nicht mehr alleine und unwürdig sterben müssen. Aber dem Tod ins Auge sehen müssen wir allein, allein wir selbst: »Wie sehr wir uns auch aneinander klammern – uns bleibt nur dieselbe leere Bank auf einem kalten leeren Flur …« Ein trostloses, gottfernes Bild entwirft Reinhard Mey hier vom Sterben. Und spätestens hier regt sich bei mir der Widerspruch: Offensichtlich kennt dieser bekannte und beliebte Texter und Sänger das Bild des Kreuzweges nur sehr einseitig. Er kennt nur die negative und tragische Seite des Kreuzweges, die es natürlich gibt.

Doch wenn das alles wäre, wenn die Kreuzwege von uns Menschen tatsächlich damit enden würden, dass wir »auf einer kalten, leeren Bank in einem kalten, leeren Flur« sitzengelassen verenden würden, dann wäre das Kreuz, das in jeder Kirche hängt, ein makabres Symbol. Es wäre ein trostloses Zeichen für die Einsamkeit und das Elend des Menschen. Doch der Kreuzweg, den Jesus gegangen ist, zeigt uns, dass wir gerade dann *nicht* alleine sind, wenn wir denken, dass alle uns verlassen haben und niemand uns beisteht. Die Bibel beschreibt Gott als jemanden, der zu uns steht, gerade in den Krisen und finsteren Tälern unseres Lebens. Und wenn sich Jesus als guten Hirten bezeichnet, dann auch deshalb, weil er das finsterste und einsamste aller Täler durchlebt und durchlitten hat.

So hart uns das erscheinen mag, aber selbst auf seinem Kreuzweg bekennt Jesus: »Da, wo ich bin, da muss und will ich sein!« Jesus wendet sich ja dort im Garten Gethsemane nicht von Gott ab, im Gegenteil: er ringt und hadert *mit* Gott, seinem Vater. Er hält an ihm fest, aber macht auch keinen Hehl aus seiner Trauer und Verzweiflung. Er schwankt und droht vom »ich will« zurückzufallen in das »ich muss« seiner Jugend: »Vater, wenn es sein kann, dann nimm diesen Kelch von mir. Doch nicht was ich will, sondern was du willst, soll gelten!« (Matthäus 26,39).

Wie begegnet Jesus seiner tiefen Trauer? Er holt sich Begleitung, indem er seine engsten Vertrauten um sich versammelt. Mit ihnen kann er reden und ihnen seinen Schmerz mitteilen. Freunde sind da und er bittet sie, mit ihm zu beten und zu wachen. Wie gut ist es, in schwierigen Situationen Freunde zu haben! Menschen, mit denen man ganz offen reden kann und die auch dann da sind, wenn es mir nicht gut geht. Manchmal hilft es schon, wenn jemand einfach nur zuhört und da ist. Manchmal hilft es schon, wenn ich einfach nur sagen kann, wie es mir geht. Wenn ich nicht mehr »funktionieren« und den äußeren Schein aufrechterhalten muss, sondern einfach zeigen darf, wie traurig ich bin.

In einem zweiten Schritt entfernt sich dann aber Jesus. Er sucht die Einsamkeit, weil er auch zu den Freunden Abstand gewinnen muss. Letztlich weiß er, dass er den Weg, der vor ihm liegt, alleine gehen muss. Zu erkennen, wann es Zeit ist, sich zurückzuziehen, um die eigenen Kräfte zu mobilisieren, ist nicht leicht. Viele Künstler ziehen sich vor einem großen Auftritt zurück, um Abstand zu gewinnen, mit ihren Ängsten allein fertig zu werden und sich auf das Kommende zu konzentrieren. Ich weiß zwar, dass meine Freunde hinter mir stehen. Aber nun entferne ich mich von ihnen und konzentriere mich auf das Große und Schwere, das vor mir liegt.

Als Drittes betet Jesus. Er redet mit seinem himmlischen Vater. Wer betet, holt sich Verstärkung ins Boot. Wie oft wälze ich nachts noch irgendein Problem, bis ich auf die Idee komme, meine Fragen und Sorgen auch in Gottes Hand zu legen. Das tut Jesus im Garten Gethsemane: Er klagt, zittert, betet und weint. Er bindet seine Ängste an Gott und versucht auch hier einen Weg zu finden, wie er mit seiner Trostlosigkeit umgehen kann. Eine Trostlosigkeit, die noch verstärkt wird, als er zurückkommt und seine engsten Vertrauten schlafend vorfindet.

Die Einsamkeit Jesu steigert sich vom Garten Gethsemane an bis hin zum Kreuz von Golgatha, wo sie schließlich in dem verzweifelten Schrei Jesu gipfelt: »Mein Gott, warum hast du mich verlassen?« Wie viele Menschen haben diesen Klageruf Jesu auch in ihrem Leben schon hinausgeschrien: »Mein Gott, warum hast du uns verlassen, warum schweigst du, angesichts des großen Elends, das uns umgibt?« »Wo warst du in Auschwitz? Wo warst du in Bosnien Herzegowina? Wo warst du in Winnenden?« Wenn wir glauben, Gott habe uns verlassen, sagt uns das Kreuz: Diese Erfahrung ist wahr und hat große Tiefe. In Jesus lernt Gott selbst das Gefühl der größten Verlassenheit kennen. Gott selbst durchleidet den Zustand der Gottverlassenheit – ein Paradox. Aber die Bindung bleibt bestehen. Selbst in diesem Gefühl der Gottverlassenheit gibt es ein Du, das ansprechbar bleibt: »Da, wo du bist, werde ich sein – egal wo du bist!« Und das allein gibt uns die Kraft, in Ängsten und Abgründen nicht zu versinken.

Jesus lässt Gott nicht los, sondern ruft nach ihm und hält irgendwie an ihm fest. Seine Frage: »Warum hast du mich verlassen?« mündet am Ende in den Dank: »Du hast mich erhört!« Gott ist allwissend, selbst die tiefste Verlassenheit ist Gott nicht fremd – so ist er liebend allgegenwärtig, gerade auch im finstersten Tal. So sehr hat Gott diese Welt lieb, dass er sich unserer Dunkelheit, unserem Hass ausliefert, um uns auch dort noch ganz nahe zu sein. Doch ein anderer Ruf Jesu am Kreuz signalisiert uns, dass er auch am Kreuz an dem Ort ist, an dem er sein möchte, weil er dort sein muss. Es ist die Konsequenz seines Wirkens und seiner Botschaft. Deshalb wird der Ruf am Kreuz überliefert: »Es ist vollbracht!«

»Wer leidet, ist kompetent«, hat Walter Jens einmal gesagt. Und ich denke, er hat damit gemeint, dass ein Mensch, der das Leben auch in seinen dunklen Facetten kennt, einfach mehr über das Leben weiß als jemand, dem es eigentlich sein Leben lang nur gut ging. Jemand, der keinen Hunger erlitten hat, kann nichts oder nur wenig darüber sagen, wie es ist, hungrig zu sein. Wenn es mir schlecht geht, wenn ich traurig oder einsam bin, dann hilft es mir unter Umständen, mit jemandem zu reden, von dem ich weiß, dass er oder sie auch schon einmal etwas Ähnliches durchlitten hat. Billiger Trost oder ein »Das wird schon wieder!« helfen da nicht. Aber ein Mensch, der durch solch eine Situation schon einmal selbst gegangen ist, kann mich verstehen und mir vielleicht auch sagen, wie er mit dem Schmerz fertig werden konnte.

Jesus ist kompetent, uns auch im Leiden und in der Einsamkeit beizustehen, weil er es selbst durchlebt und durchlitten hat. Dafür steht das Kreuz von Golgatha. Es ist das große »T«, das für »Trost« steht: »Du bist nicht allein!«

Da will ich sein –
ich werde »da« sein!

Das Neue Testament heißt auf Griechisch *eu angelion* – »Gute Nachricht«. Die gute Nachricht der ersten Christen war: »Der Tod, das Leid und der Schmerz haben nicht das letzte Wort – Jesus ist auferstanden!« Diese Botschaft ging wie ein Lauffeuer um die Erde und hält die Christenheit bis heute in Atem. Als der Auferstandene segnet Jesus seine Jünger mit der Zusage: »Siehe, ich bin bei euch alle Tage bis an das Ende der Welt!« (Matthäus 28,20b). Somit ist die Wirklichkeit der Auferstehung die Erfüllung des Satzes: »Da, wo ich bin, da will ich sein!« Sie begleitet die betende Gemeinde durch die Zusage: »Wo zwei oder drei in meinem Namen versammelt sind, da bin ich mitten unter ihnen!«

Dieses »Dasein« selbst über den Tod hinaus eröffnet noch eine ganz andere Dimension: Wenn es stimmt, dass wir als Erdenbürger eben nicht nur diese 70 bis 80 Jahre zur Verfügung haben, sondern Gäste auf einer langen Reise durch die Ewigkeit sind, dann erfährt auch unser Dasein eine große Weite und Gelassenheit. Ich muss nicht alles in diese kurze Zeitspanne hineinpacken, denn ich habe unendlich Zeit. Und ich darf darauf vertrauen, dass mich der auferstandene Herr durch die Zeiten und in Ewigkeit begleitet. Deshalb sagt Jesus: »Ich bin die Auferstehung und das Leben!«

Ich bin die Auferstehung und das Leben.

Leben,
wirkliches Leben,
nicht im lebenslänglichen
Schatten des Todes.
Leben,
das die Kraft hat
aufzustehn – immer wieder.

Leben,
das selbst aus der tiefsten
aller Krisen, dem Tod,
aufersteht.

Wer an mich glaubt, der wird leben

Glaube, vertraue mir
und baue auf mich
gerade dann,
wenn du den Mut verlierst.
Dann
kann ich dir helfen.
Dann
kann ich dir Kraft geben.
Denn wer an mich glaubt,
der wird leben,

auch wenn er stirbt. Und wer lebt,

mit wachen Augen
und offenem Herzen,

und wer an mich glaubt,

weiß, dass dieses Leben
ein Geschenk ist,

der wird nimmermehr

dessen Geist und Seele
wird nie wieder

sterben,

weder den inneren Tod
der Langeweile
und der Einsamkeit,
noch den kalten,
endgültigen Tod.

Du wirst immer wieder aufstehen und leben.

Da, wo ich bin, da will ich *nicht* sein!

Die biblische Erzählung von Paulus und Silas im Gefängnis ist, wie wir gesehen haben, ein sehr eindrückliches Beispiel dafür, wie die Grundhaltung: »Da, wo ich bin, da will ich sein!« grundlegende Veränderungen hervorruft. Paulus und Silas sind so überzeugt davon, dass sie auch im Gefängnis am richtigen Platz sind, dass sie sogar angesichts eingestürzter Gefängnismauern nicht im Traum daran denken zu fliehen, sondern geradezu stoisch daran festhalten: »Da, wo ich bin, da will ich sein!« Die Situation des Aufsehers ist jedoch genau die gegenteilige: In ihm begegnen wir der klassischen »Da, wo ich bin, da will ich *nicht* sein«-Haltung:

> Als aber der Aufseher aus dem Schlaf auffuhr und sah die Türen des Gefängnisses offen stehen, zog er das Schwert und wollte sich selbst töten; denn er meinte, die Gefangenen wären entflohen. Paulus aber rief laut: Tu dir nichts an; denn wir sind alle hier! Da forderte der Aufseher ein Licht und stürzte hinein und fiel zitternd Paulus und Silas zu Füßen. Und er führte sie heraus und sprach: Liebe Herren, was muss ich tun, dass ich gerettet werde? *(Apostelgeschichte 16,27–30)*

Was für eine Freiheit, wenn Menschen selbst bei eingestürzten Mauern, offenen Türen und den abgefallenen Fesseln ruhig und gelassen an dem Ort bleiben können, an dem sie eingesperrt und gefangen gehalten wurden! Es ist eine ansteckende Freiheit. Es ist eine Freiheit, die auch den Horizont des Gefängnisaufsehers komplett erweitert. Die Grundmauern seiner bisherigen Existenz sind bis ins Tiefste erschüttert und bestürzt stellt er mit einem Mal fest, dass er selbst ein Gefangener, ein Verlorener ist und dass er da, wo er ist, *nicht* sein will. Deshalb fällt er auf die Knie und fragt: »Was muss ich tun, um gerettet zu werden?«

Darin liegt schon die erste wichtige Erkenntnis: Wenn ich möchte, dass sich etwas in meinem Leben ändert, dann muss ich etwas tun! Am Beispiel der Ehekrise haben wir bereits gesehen, dass manchmal ein kleiner Umweg notwendig ist. Wenn ich da, wo ich bin (in meiner Ehe), sein (sprich: auch bleiben) will, kann es auch manchmal notwendig sein, dass ich sage: »Da, wo ich (im momentanen Zustand unserer Ehe) bin, da will ich *nicht* sein!«, gerade *weil* ich meine Ehe erhalten möchte. Das bedeutet: Ich muss etwas tun und dafür sorgen, dass sich etwas in unserem Ehealltag ändert, im Zweifelsfalle, dass *ich* mich ändere. Das kann durchaus auch mithilfe einer Ehetherapie geschehen, denn manche Grundmauer unseres Gefängnisses erkennen wir oft nur mithilfe anderer. Die Frage des Gefängnisaufsehers »Was muss ich tun, damit ich gerettet werde?«, könnte also auch die befreiende Frage vieler, vieler Paare sein: »Was müssen *wir* tun, damit unsere Ehe gerettet werden kann?«

Der Gefängnisaufseher hat erkannt, dass vor der Knechtschaft des Todes und der äußeren Umstände nur der gerettet sein kann, der solch eine Freiheit besitzt wie Paulus und Silas:

Sie sprachen: Glaube an den Herrn Jesus,
so wirst du und dein Haus selig!
(Apostelgeschichte 16,31)

Da ist es wieder, das schöne Wort »selig«: Jemand, der aus der Wirklichkeit der Auferstehung lebt und Hoffnung schöpft, ist zutiefst frei, denn die Fesseln des Todes können ihm nichts mehr anhaben. Und wer aus dieser Freiheit leben und sie erfahren möchte, muss sich an den halten, von dem gesagt wird, dass er die Fesseln des Todes zerbrochen hat: Jesus Christus. »Halte dich an Jesus Christus, dann wirst du wirklich frei sein oder gerettet oder selig!« All diese Worte umschreiben ja den souveränen Zustand eines Menschen, der von ganzem Herzen Jesus nachfolgt.

> Und sie sagten ihm das Wort des Herrn und allen, die in seinem Hause waren. Und er nahm sie zu sich in derselben Stunde der Nacht und wusch ihnen die Striemen. Und er ließ sich und alle die Seinen sogleich taufen und führte sie in sein Haus und deckte ihnen den Tisch und freute sich mit seinem ganzen Haus. *(Apostelgeschichte 16,32–34)*

Was für eine Freiheit nun auch auf einmal dieser Aufseher an den Tag legt! Verflogen ist seine Angst vor einer Strafe, einer neuen Religion und sogar, sich scheinbare Verbrecher ins Haus zu holen. Er schenkt seinen neuen Freunden die Freiheit, ja mehr noch: Er pflegt ihre Wunden und versorgt sie. Er erweist sich unmittelbar als Folge des Gehörten und Erfahrenen als ein konsequenter Jesusjünger, der die Kranken und Verfolgten umsorgt und pflegt, als einer, der die Freiheit besitzt, umzukehren zu einem neuen, großzügigen Leben. Der Gefängnisaufseher macht Nägel mit Köpfen, denn wer einmal diese Freiheit geschmeckt hat, kann und möchte nicht mehr zurück. Deshalb lässt der Gefängnisaufseher sich und »die Seinen« auch gleich taufen. In der Taufe tauchen wir in die Wirklichkeit Jesu ein, um anschließend »in Christus« zu leben, wie es Paulus formuliert.

Bei der damals üblichen Taufe im Jordan wurde der ganze Mensch untergetaucht. Das Untertauchen symbolisiert das Sterben Jesu, und das Auftauchen symbolisiert die Neugeburt durch die Auferstehung. Als getaufte Christen leben wir in der Wirklichkeit der Auferstehung. So sind die Zeilen zu verstehen, die Paulus an die Gemeinde in Korinth schreibt:

> Ist jemand in Christus, so ist er ein neuer Mensch, das Alte ist vergangen, siehe es ist alles neu geworden! *(2. Korinther 5,17)*

Während früher die Erwachsenentaufe gang und gäbe war, ist es heute zumindest in den Landeskirchen und der katholischen Kirche üblich, dass man bereits die Kinder taufen lässt. Die Freiheit dazu nimmt man sich unter anderem auch aus dieser Erzählung. Es wird erzählt, dass der Aufseher sich und die Seinen, also seine ganze Familie einschließlich der Kinder, taufen ließ.

Ich finde es gut und richtig, wenn wir Kinder bereits im Säuglingsalter taufen und sie gewissermaßen so früh wie möglich in die liebenden Arme Gottes legen.

In den Armen Gottes

In einem großen Freizeithallenbad in Büsum, direkt an der Nordsee, bin ich mit meiner Familie zu Gast. Das Bad ist in sechs Salzwasserbecken in unterschiedlichen Größen sowie ein Süßwasserbecken aufgeteilt. Hinzu kommt eine wunderbare 150 Meter lange Seeräuberrutsche. Wir sind begeistert, die Kinder beschäftigt und der Papa kann das Bad ein wenig alleine erkunden. Nach längerem Hin- und Herschlendern fällt mir ein kleines Nebenbecken ins Auge, das ich bisher noch nicht entdeckt hatte. Außer mir hat diesen Ort anscheinend nur ein Ehepaar mit seinem Baby entdeckt. Ich steige in diese kleine Oase, das Wasser ist wunderbar warm und leicht salzhaltig. Ich komme zur Ruhe und räkle mich im Wasser auf einer Steinbank am Rande des Beckens. Die Mutter hat nun das Becken verlassen und der Vater, ein gut gebauter, kräftiger Mann, trägt sein Kind auf den Armen und wandelt mit ihm durch das warme Becken. Mit großen Augen schaut das Baby seinen Vater an, spürt die kräftigen Arme, weiß sich zu Hundertprozent gehalten und ist deshalb auch ganz still, gluckst ab und zu ein wenig und ist super entspannt.

So gehalten, so spürbar geliebt und umspült von der Wärme des Wassers ist ein kleiner Mensch, den wir zur Taufe tragen, dachte ich bei mir. Schade, dass ich mich nicht an meine Taufe erinnere: an das Wasser, die Kerze, den Segen und die strahlenden Gesichter.

Leise summt der Vater und schaut nur auf sein Kind, lässt es durch das Wasser schweben, getragen von den starken Armen.

Liebevoll lächelt er seinem Kind zu und gibt ihm völlig verzückt einen dicken Kuss mitten ins Gesicht.

Was tun wir, wenn wir ein Kind taufen? Wir legen es in die starken Arme des Vaters. Wir legen es in den Herrschaftsbereich des allmächtigen Gottes – nicht dem Staat, nicht irgendeiner Partei, nicht einer Ideologie, sondern dem liebenden dreieinigen Gott legen wir dieses Kind in die Arme. Wir legen es auch nicht in die Arme der Kirche, sondern in die Arme Gottes in dem Wissen, dass *er* dieses Kind tragen wird, auch durch die Stürme und Wellen des Lebens. *Er* hat dieses Menschenkind liebevoll im Blick – ein Leben lang. *Er* beugt sich voller Liebe herab und möchte uns nahe sein. Man könnte sagen: Als getaufte Christen sind wir schon jetzt und hier mit Christus auferstanden. Was für eine Freiheit! Der Tod hat keine Macht mehr über mich! Diese erfahrene Freiheit schenkt dem Aufseher in der Geschichte von Paulus und Silas die Freiheit, ein Fest zu feiern, ein Freudenfest des Lebens.

Fehl am Platz

Neulich stand ich beim Bäcker in einer Schlange und wartete – wie viele andere auch – geduldig darauf, an der Reihe zu sein. Da beobachtete ich zwei Frauen vor mir, die offensichtlich in dem angeschlossenen Café frühstücken wollten und sich deshalb am Kühlschrank noch einen Orangensaft geholt hatten. Mit ihrem Kaltgetränk kamen sie zurück an die Theke und wollten ihre Bestellung vollenden. Da fuhr eine junge Frau laut dazwischen: »Ich war vor Ihnen dran!« Darauf erwiderte die Verkäuferin mit einer Engelsgeduld: »Nein, die beiden Damen waren vor Ihnen, die haben sich nur da drüben am Kühlschrank etwas zu trinken geholt!« Daraufhin die junge Dame: »Ja, ja, das kenne ich, wir wurden schon als Kinder immer benachteiligt, aber ist ja egal, es ist ja Urlaub!«

Manche Menschen laufen mit einem Lebensskript (zum Beispiel: »Ja, ja« = »egal, was Sie mir sagen!«; – »Ich wurde schon als Kind immer benachteiligt« = »ich werde und wurde ständig unterdrückt und in die zweite Reihe gezwungen«; »Aber es ist ja Urlaub!« = »Wenn ich schon mein ganzes Leben lang derart gekränkt werde, will ich mir dadurch nicht auch noch den Urlaub verderben lassen!«) durch die Gegend, das vor allem eines zum Ausdruck bringt: »Da, wo ich bin, da will ich *nicht* sein!« Aber trotzdem sind diese Menschen nicht bereit, Grundlegendes zu ändern. Vielmehr sind sie gefangen in dem Eindruck: »Die anderen sind schuld an meiner Situation!« Ihr Ausweg ist dann die Klage und das Lamentieren.

Immer wieder sieht man im Fernsehen Reportagen über Leute, die aus Deutschland auswandern, weil sie es hier angeblich nicht mehr aushalten. Mit Grausen und einer gewissen einkalkulierten Schadenfreude kann man da beobachten, welchen hohen Preis diese Auswanderer vielfach bezahlen, wie sie über den Tisch gezogen werden und oft in der Ferne alles verlieren. Schließlich kehren viele dieser Menschen verarmt und desillusioniert zurück in ihre alte Heimat. Viele sind blauäugig aufgebrochen, weil sie zum Beispiel nicht bereit waren, innerlich »auf der Grenze« zu leben, und beherrschten noch nicht einmal die dortige Landessprache.

Man muss die äußeren und inneren Kosten schon sehr genau überschlagen, bevor man tatsächlich alle Zelte abbricht und sich an neue Ufer wagt. Denn eines ist klar: Mindestens 80 Prozent der alten Welt nimmt man ja mit, auch ins Ausland, nämlich sich selbst und seine Partnerin oder Familie. Da werden nur etwa 20 Prozent radikal anders, in den seltensten Fällen besser sein.

Mein Bruder hatte mit seiner Lebensgefährtin seit vielen Jahren den Traum, nach Italien auszuwandern: eine alte Villa oder ein Bauernhaus in Norditalien, oben auf einem Hügel, umgeben von einem riesigen Grundstück mit alten Olivenbäumen: Oliven züchten, Rotwein trinken, musizieren, lesen, Gäste empfangen und am Haus und am Grundstück werkeln, fernab von der deutschen Hektik und Geschäftigkeit – das war sein Traum. Und dieser Traum wurde wahr: Es war genügend Geld vorhanden, solch ein Anwesen mit drei Hektar Wald, Wiesen und Olivenhainen zu finden und zu bezahlen. Es war ein wunderschönes Anwesen, aber auch mit viel Arbeit verbunden. Sie werkelten, renovierten, pflegten den Garten und steckten viel Arbeit und Geld in die Renovierung des Hauses.

Viele Gäste kamen, und auch wir haben sie besucht. Sicherheitshalber hatten wir ein Wohnmobil dabei, denn wir wussten nicht genau, wie komfortabel die Gästeunterkunft sein würde. Es war ein sehr schönes, romantisches Anwesen, alles stimmte, und doch merkten wir schon damals, dass irgendwo der Hund begraben war: Ein Traum war in Erfüllung gegangen, aber die Realität zeigte, dass dieser Traum mit »Kosten« verbunden war, die man so vorher nicht einberechnet hatte, und eine dieser Positionen hieß »Einsamkeit«. Sicher, die beiden hatten viele Kontakte und Freunde, die zu Besuch kamen. Aber Freunde zu Gast zu haben, bedeutete immer auch Arbeit und wenn die Freunde oder Bekannten weg waren, dann war das Haus wieder leer. Beide konnten ganz gut Italienisch und hatten sicher auch keine Berührungsängste, aber trotzdem war es nicht möglich, neue Freundschaften zu knüpfen.

Irgendwann reifte in ihnen der Entschluss, wieder alles zu verkaufen, denn sie spürten: »Da, wo wir sind, wollen wir nicht sein!« – zumindest nicht so, wie es ist. Deshalb haben sie alles wieder verkauft und sind zurück in die alte Heimat gekehrt. Dort aber nun mit einer neuen Einstellung: »Da, wo ich bin, da will ich sein!«

Neulich im Gottesdienst

In einem großen, hohen, halbdunklen und hallenartigen Raum steht ein Mensch in einem schwarzen bis zum Boden fallenden Gewand. Vor mir sitzen, weit verstreut, etwa 25 meist ältere Menschen, steif und auf harten Bänken, ohne irgendeinen Kontakt zueinander. Der allzu mächtige Klang einer plötzlich einsetzenden Orgel überdröhnt den ohnehin kläglichen Gesang unserer kleinen versprengten Schar. In einer Art liturgischem Autismus brummeln einige die Melodien und Texte, die sie offensichtlich kaum verstehen, aber wohl wegen ihrer alten Form und Kirchensprache dennoch von sich geben.

Der Schwarzgewandete schlägt nun ein großes, ebenso schwarzes Buch auf und brüllt in den halligen Raum, dass er sich freut und die Gemeinde ganz herzlich begrüßt – ich fühle mich unangenehm berührt, denn so hat schon lange niemand mehr mit mir gesprochen und »herzlich« klang das auch nicht. Ich frage mich: Warum geht er nicht auf die einzelnen Menschen zu, begrüßt jeden? Dann könnten wir uns im Kreis setzen, ins Gespräch kommen und miteinander singen und beten. Dazu sind wir doch alle hier. Oder nicht?

Der Mensch dort vorne lässt sich indes nicht beirren: »Wir feiern diesen Gottesdienst am Sonntag *Exaudi* im Namen des Vaters, des Sohnes und des Heiligen Geistes!« Hat er »feiern« gesagt? Auf welchem Planeten bin ich hier eigentlich gelandet? Und wer, bitte schön, ist dieser Sonntag *Exaudi* und die anderen drei Herren? Ich verstehe nicht, was gemeint sein könnte. Wie um alles in der Welt soll hier eine festliche Stimmung entstehen, sodass man wirklich feiern kann? Denn auch mit dem nun folgenden Lied vermag die Feststimmung nicht so recht aufzukommen. Die gut verteilte Gemeinde verfällt wiederum in jenen Brummelsingsang: »Ach Gott, gib indes deine Gnad, dass wir all Sünd und Missetat in rechter Buß erkennen und glauben fest an Jesus Christ, zu helfen er ein Meister ist, wie er sich selbst tut nennen!« (EG 249,4). Ich verstehe wieder nicht, was gemeint ist, finde aber, dass sogar der Kebab-Verkäufer, gleich schräg gegenüber der Kirche, mittlerweile besseres Deutsch spricht als: »… glauben fest an Jesus Christ, zu helfen er ein Meister ist, wie er sich selbst tut nennen!«

Doch ehe ich weitere Überlegungen anstellen kann, brüllt es von vorne: »Wir wollen beten!« Nichts davon stimmt. Mit »wir« bin ja wohl auch ich gemeint und ich »will« im Moment etwas ganz anderes, auf jeden Fall nicht »beten«. Ich würde zum Beispiel gerne einmal über diesen eigenartigen Liedtext sprechen, den verstehe ich nämlich nicht, aber *wir* sind schon ruckartig aufgestanden. Ich konnte gar nicht anders, obwohl bei unserem versprenkelten Singledasein in dieser Kirche wohl kaum von einem Gruppenzwang gesprochen werden kann.

Der Mensch in Schwarz liest ein Gebet ab. Heißt Beten nicht eigentlich »mit Gott reden«? Ich meine, wenn ich mit meinem Vater sprechen wollte und sprach, dann habe ich das doch einfach getan. Wenn ich etwas Bestimmtes wollte, dann habe ich mir genau überlegt, wann und was und wie ich es sage – aber aufgeschrieben habe ich es nie. Doch der schwarze Mann liest etwas in einer Sprache, die man so heute nicht mehr spricht (deshalb musste er das Gebet wohl auch aufschreiben, weil er sonst ja wahrscheinlich auch nicht so redet): Da ist von Lob, Ehre, Preis, Gnade und wunderbarer Freude die Rede, von einem Thron des Höchsten und von einem Lamm. Ich verstehe es nicht, merke nur, dass die wunderbare Freude eine sehr verborgene, innere Freude sein muss, denn die monotone Stimme des Beters lässt keinerlei Freude aufkommen.

Nach einigem Hin und Her, nachdem wir uns nochmals gesetzt haben, nochmals aufgestanden sind, uns wieder gesetzt haben und noch einen weiteren unverständlichen Text versungen haben, erscheint über uns und weit entfernt der Schwarzgewandete in einer Art Bütt und wünscht uns Gnade und Frieden – ich verstehe nicht ganz warum, wird es denn so schlimm? Er liest einen mir unbekannten Text aus der Bibel vor, einen ziemlich langen Text, wieder mit vielen alten Formulierungen. Warum habe ich den Text nicht vor mir, dann könnte ich mitlesen und mehr mitbekommen? Der Prediger hat zu Ende gelesen und brüllt nun zu uns herunter, dass er seine Probleme gehabt habe mit diesem Text und eigentlich nicht über diese »Perikope« predigen wollte. Dann soll er es doch lassen. Noch ehe ich jedoch weiter überlegen kann, was eine »Perikope« wohl sein mag (klingt wie ein griechischer Nudelauflauf), bekennt er, dass er sich trotzdem dem Text »gestellt habe« und dass er uns nun »mit hineinnehmen wolle«. Mir wird schon wieder so unangenehm zumute.

Und dann hört es nicht mehr auf: Er redet und redet – an mir vorbei. Immer wieder heißt es: »Geht es uns letztlich nicht allen so ...« Aber mir ging es noch nie so. Es folgen drei Beispiele, in denen ich mich nur spärlich wiederfinde, und dann verschwindet der Prediger hinter seinem Konzept, sieht nicht mehr uns, seine Gemeinde, sondern nur noch seine Blätter und Sprachungetüme, spricht über Dinge, die ich nicht kenne, benutzt Worte, die mir nicht geläufig sind, bringt historische Anmerkungen, die abschweifen und mich letztlich nicht interessieren, die er jedoch für »hochinteressant« und äußerst »bemerkenswert« hält, und beantwortet lauter Fragen, die ich und wohl auch die anderen kaum gestellt haben.

Wovon soll ich noch berichten? Von dem 30 Jahre alten, sogenannten »Neuen Geistlichen Lied«, das nach der Predigt kommen sollte, für das aber die Orgel als Begleitinstrument überhaupt nicht taugte, oder soll ich von nicht enden wollenden Fürbitten berichten, innerhalb derer der Beter versuchte, das ganze Weltgeschehen in einem Rundumschlag zu erfassen? Nur ich kam darin nicht vor. Als uns der Mann in Schwarz dann auch noch dazu aufforderte, uns gegenseitig »ein Zeichen des Friedens« zu geben, nutzte ich die ohnehin weiten Wege des Raumes, um aus dieser Kirche zu fliehen ...

(Fingierter Erfahrungsbericht eines mit der Kirche nicht vertrauten Gottesdienstbesuchers)

Dieser Text mag dem einen oder der anderen etwas überspitzt vorkommen, aber ich habe sogar noch schlimmere Gottesdienste erlebt, als das hier Beschriebene. Ein Pfarrer sagte einmal im Rahmen einer Gottesdienstfortbildung, die ich zusammen mit einem Kollegen gestalten durfte: »In meinen Gottesdienst würde ich auch nicht gehen!« Was für ein Armutszeugnis, was für eine Kapitulation! Niemand sonst wagt es, sein Klientel geschlagene 60 Minuten systematisch zu langweilen. Das schafft nur die Kirche. Natürlich weiß ich, dass es viele wunderbare Gottesdienste in unserem Land gibt und dass ganz viele Kolleginnen und Kollegen auch im Bereich der Kirchenmusik eine tolle und engagierte Arbeit machen, aber das oben Beschriebene gibt es einfach noch viel zu oft.

Ein Pfarrer hat Gottesdienst zu halten in einer anderen Gemeinde. Bei der Begrüßung stellt er fest, dass das Mikrophon kaputt ist. Während dem *»Kyrie«* und dem *»Gloria«* nestelt er daran herum und versucht es zu reparieren – es gelingt ihm nicht. Bei der *»Salutatio«* tritt er schließlich entnervt neben das Mikrophon und ruft in die Gemeinde: »Es stimmt etwas nicht mit dem Mikrophon« darauf erwidert die liturgisch geschulte Gemeinde: »Und mit deinem Geist!«

Eine Studie der Evangelischen Kirche in Hessen und Nassau hat ergeben, dass ein Drittel der Konfirmanden zum Beginn ihrer Konfirmandenzeit den traditionellen Gottesdienst als »langweilig« bis »nichtssagend« empfanden, am Ende der Konfirmandenzeit waren es über 70 Prozent. Da müsste doch ein Aufschrei durch die Gemeinden gehen und eine liturgische Reformbewegung in Gang kommen! »Da, wo ich bin, da will ich nicht sein!« Ich glaube allein dadurch, dass wir unsere Gottesdienste kommunikativer gestalten würden – die Predigten frei hielten und uns auf *einen* Gedanken konzentrierten, sowie viel mehr im Gottesdienst mit der Gemeinde singen und das Singen wirklich üben würden – wäre schon sehr viel gewonnen.

Wir brauchen schließlich, liturgisch verankert, in jedem Gottesdienst ein Element, bei dem die Konfirmanden vorkommen und bei dem sie sich am besten selbst mit einbringen. So können zum Beispiel vor jedem Gottesdienst Kerzen angezündet werden, die von den Konfirmanden selbst gestaltet wurden. Bei der Begrüßung sollten die Jugendlichen mitbedacht werden: »Ich begrüße besonders herzlich unsere Konfirmanden. Schön, dass ihr euch aus dem Bett geschält habt!« Bei der Auswahl der Lieder müssten immer wieder auch solche mit berücksichtigt werden, die im Konfirmandenunterricht gerne gesungen werden. Und in der Predigt sollten Beispiele und Themen zur Sprache kommen, die die Jugendlichen besonders bewegen. Auch die Fürbitten und Bekanntmachungen können von den Konfirmanden mitgestaltet werden. Es gibt unendlich viele Möglichkeiten, die Jugendlichen mit einzubeziehen! Als Kirche müssen wir einfach im Blick behalten und auch die Älteren in der Gemeinde dafür sensibilisieren, dass Konfirmanden nicht generell stören, sondern im Gottesdienst vorkommen wollen. Sie sind die Zukunft der Kirche!

Wenn Habgier uns treibt

Das Märchen vom Fischer und seiner Frau beschreibt, wie aus einer »Da, wo ich bin, da will ich nicht sein«-Grundhaltung eine Spirale der Unzufriedenheit entstehen kann, und es ist auch ein Beispiel für die desolate Situation eines Menschen, der es nicht schafft zu sagen: »Da, wo ich bin, da will ich sein!«:

Ein Fischer sitzt am Meer, hat seine Angel weit hinaus ins klare Wasser geworfen und schaut auf die Wellen. Plötzlich zuckt die Angel gewaltig und er sieht, dass er da einen dicken Butt am Haken hat. Und während er dabei ist, das Tier an Land zu ziehen, beginnt der Fisch zu sprechen: »Lieber Mann, bitte lass mich frei, ich bin ein verwunschener Prinz!« Der Fischer antwortet: »Prinz hin, Prinz her – einen sprechenden Butt lasse ich sowieso frei!« Er löst ihn vom Haken und wirft ihn zurück ins Meer. Zu Hause, in der kleinen, eher armseligen Fischerhütte angekommen, berichtet er seiner Frau von dem wundersamen Ereignis.

»Da hättest du dir doch etwas wünschen können!«, erwidert die Frau ganz pragmatisch. »Wie meinst du das?«, fragt der Fischer zurück. »Naja, wenn er tatsächlich ein verwunschener Prinz ist, dann hast du bestimmt einen Wunsch frei. Schließlich hast du ihm ja das Leben gerettet. Auf, geh hin und schildere ihm die Umstände, unter denen wir hier leben, und sag ihm einen schönen Gruß von mir, ich würde gerne in einem schönen Steinhaus mit Garten leben! Das ist doch nun wirklich nicht zu viel verlangt!«

»Ach Frau, ich weiß nicht, ich mag da nicht hingehen, das ist irgendwie nicht recht!«, erwidert der Fischer. Aber seiner Frau zuliebe macht er sich auf den Weg. Als er zum Ufer kommt, sieht er, dass das Wasser ein wenig trüber geworden ist. Und er stellt sich hin, formt mit den Händen einen Trichter und ruft so laut er kann:

»Manntje, Manntje, Timpe Te,
Buttje, Buttje in der See,
mine Fru, de Ilsebill,
will nich so, as ik wol will!«

»Na, was will sie denn?«, fragt der Fisch, der plötzlich aus dem Wasser auftaucht. »Ach, sie will nicht mehr in unserer ollen Hütte wohnen, das kann ich sogar ein bisschen verstehen. Ich soll dich fragen, ob wir nicht in einem schönen Steinhaus mit Garten wohnen können!«, antwortet der Fischer. »Geh nur hin«, sagt der Butt, »sie wohnt schon drin ...« Und tatsächlich: Als der Fischer nach Hause zurückkehrt, freuen sich beide über das wunderschöne, neue Haus und den Garten.

Doch die Frau ist nicht zufrieden. Sie hat Blut geleckt und die Habgier vergiftet ihr Herz. Und der Satz »Da wo ich bin, da will ich *nicht* sein!« wird für sie zu einem krankhaften Lebenskonzept. Und so schickt sie in den nächsten Tagen ihren armen Mann immer wieder los, denn sie möchte erst ein Schloss, dann möchte sie König und dann Kaiser werden. Und jedes Mal, wenn der Fischer an das Ufer des Meeres tritt und hinausruft

»Manntje, Manntje, Timpe Te,
Buttje, Buttje in der See,
mine Fru, de Ilsebill,
will nich so, as ik wol will!«

fühlt er sich immer unwohler in seiner Haut. Auch das Meer verfärbt sich und das Wetter nimmt von Mal zu Mal dramatischere Gestalt an. Weltuntergangsstimmung gewissermaßen. Man spürt es förmlich: Da braut sich was zusammen! Als die Frau dann schließlich Päpstin werden möchte und zur Krönung auch noch der liebe Gott selbst, kann der Mann schon nicht mehr widersprechen, denn die Lebensbeziehung zwischen den beiden scheint längst zerbrochen zu sein. Die Frau bellt voller Hass nur noch ihre Befehle. Und als der Fischer dem verwunschenen Prinzen mitteilt, dass seine Frau der liebe Gott sein möchte, antwortet dieser: »Geh nur hin, sie sitzt wieder in der alten Fischerhütte!«

Es wird gerne übersehen, dass auch der letzte Wunsch der Frau, aus christlicher Sicht, erfüllt wurde, denn Gott wohnt eben nicht im Prunk, sondern in der armseligen Hütte bei den Menschen. In Jesus begegnet uns ja der nahe, der »heruntergekommene Gott«. Dieses Märchen ist gewissermaßen das »Gegenmärchen« zu »Hans im Glück«: Die Frau des Fischers sieht nicht mehr nur das, was sie hat, sondern lässt sich von ihrer Habgier zu einem falschen Leben verleiten – zu einem Leben, das weder zu ihr noch zu ihrem Mann passt.

Es ist für mich immer ein Rätsel, wieso Menschen, die offensichtlich wirklich sehr viel Geld haben, sich dazu verleiten lassen, Steuern zu hinterziehen und auf schwarze Konten im Ausland zu schaffen, also kriminell werden, nur um noch reicher zu werden. »Wer habgierig ist, jagt nach Reichtum und weiß nicht, dass Mangel über ihn kommt« (Sprüche 28,22), steht im Alten Testament. Viele Reiche merken anscheinend gar nicht, wie viel sie dieses Denken und ihre Habgier kostet. Wer denkt, dass er sich alles kaufen kann, der *muss* sich dann irgendwann auch alles kaufen, weil er in jedem neuen Kontakt, der finanziell nicht der eigenen Kragenweite entspricht, einen potenziellen Schmarotzer wittern wird.

Das Tragische ist nur, dass man die wirklich wichtigen und wertvollen Dinge, wie echte Freundschaft, Offenheit und Zuneigung der Kinder und Wertschätzung eines Lebenspartners, nicht kaufen kann. Dafür muss man offen und sensibel sein. Und dafür muss man auch an sich und an der Beziehung arbeiten. Der Mangel, der über den Habgierigen kommt, ist seine Gier, sein Misstrauen und seine Selbstgefälligkeit, und das ist abstoßend. Da, wo sich Habgier breitmacht, will ich nicht sein!

Mut zum Aufbruch

Ich habe durchaus aber auch die positive Möglichkeit zu sagen: »Da, wo ich bin, da will ich *nicht* sein!« Dann sollte ich allerdings bereit sein, einiges zu ändern, denn sonst deprimiert mich diese Einstellung nur. Und ich sollte mir vorher genau überlegen, ob ich tatsächlich bereit bin, den Preis für den von mir gewählten neuen Weg zu bezahlen. Bei der Überschlagung der »Kosten« kann mir das sogenannte

Sechs-Phasen-Modell helfen, das eng mit der Frage: »Wo will ich, wo wollen wir in zum Beispiel drei Jahren stehen oder sein?« entstanden ist. Dieses Sechs-Phasen-Modell (in diversen Modifikationen in der freien Wirtschaft sehr weit verbreitet) stammt, wie so vieles, ursprünglich aus der Bibel:

Der biblische Bericht vom Auszug *(Exodus)* des Volkes Israel aus Ägypten ist die klassische »Da, wo ich bin, da will ich *nicht* sein!«-Erzählung. Für sie gilt der Leitsatz: »Moses wollte kein Picknick in der Wüste veranstalten, sondern nach Kanaan!« Sie beginnt mit der Berufung des Mose durch Gott und endet mit dem Einzug des Volkes Israel im Lande Kanaan.

Das Sechs-Phasen-Modell:

Erste Phase: Bestandsaufnahme

In dieser ersten Phase geht es darum, möglichst viele Fragen zu stellen. Bei einem Betrieb oder einer Institution ist dieser Fragenkatalog sehr umfänglich. Aber auch für den privaten Bereich oder die berufliche Situation eines Menschen gilt es, nach möglichst vielen Fragen Ausschau zu halten. Die Frage ist die Königin der Antwort und wenn ich keine Fragen stelle, werde ich auch keine Antworten parat haben, wenn diese Fragen auftauchen.

Als ich vor vielen Jahren ein junges Paar verheiratet habe, rief mich die Braut etwa eine Woche vor dem großen Fest an und plauderte munter drauflos. Sie erzählte mir von sich und von ihrer Beziehung und dass sie sich sehr auf ihre Hochzeit freue. Irgendwann sagte sie so ganz beiläufig und in einem Nebensatz: »Ich weiß gar nicht, was die Leute immer haben. So eine Hochzeit zu organisieren macht Spaß und ist im Grunde gar nicht so viel Arbeit, wenn man richtig zu delegieren weiß!« Diese Hochzeit stellte sich organisatorisch als eine einzige Katastrophe heraus, ganz einfach deshalb, weil sich die zuständigen Menschen im Vorfeld nicht die richtigen und notwendigen Fragen gestellt hatten.

Meine damalige Freundin (und jetzige Frau) und ich haben bei dieser Hochzeit sehr viel gelernt – für unsere eigene Hochzeit und dafür, wie man es *nicht* machen sollte. Folgende Fragen wurden scheinbar im Vorfeld nicht gestellt:

> Wie können sich unsere Gäste, die von weit angereist sind, erfrischen?
> Nach der Trauung haben die Leute Hunger und Durst, wie gehen wir damit um?
> Wie sorgen wir dafür, dass »Fremde« andere Gäste kennenlernen (zum Beispiel durch die Sitzordnung)?
> Wer ist zuständig für den Ablauf des Festes?
> Ist das Catering zuverlässig?
> Ist genügend Geschirr da?
> Ist der Brautvater fähig, eine angemessene Rede zu halten, oder sollte man ihn lieber bitten, darauf zu verzichten?
> Werden die Gäste nicht erst ein Glas Sekt oder Mineralwasser trinken wollen, bevor sie dem Paar zwei Stunden lang beim Geschenkeauspacken zuschauen (müssen)?
> Gibt es irgendwo einen Korkenzieher?

Sie können anhand dieser im Vorfeld nicht beantworteten Fragen darauf schließen, was für ein Chaos bei dieser Hochzeit herrschte. In ihrer grenzenlosen Naivität hatte das Brautpaar schlicht und ergreifend vergessen, im Vorfeld die richtigen Fragen zu stellen.

Werden Sie also zum Fragensammler. Nur so gelingt eine umfassende Bestandsaufnahme und nur nach einer umfassenden Bestandsaufnahme weiß ich, »wo ich bin«. Erst dann kann ich eventuell feststellen: »Da, wo ich bin, da will ich *nicht* sein!«

Gehen wir einmal davon aus, dass Sie mit Ihrem Arbeitsplatz nicht zufrieden sind. Dann könnte der Fragenkatalog folgendermaßen beginnen:

Was gefällt mir an meiner Arbeit nicht?
Was gefällt mir oder was hat mir einmal an meiner Arbeit gefallen?
Mit welchen Kollegen kann ich?
Mit welchen Kollegen kann ich nicht?
Wie gestaltet sich mein Weg zur Arbeit?
Wie ist mein Chef?
Kann ich mit meinem Chef reden?
Was würde ich gerne machen?
Was würde sich ändern, wenn ich aussteige?
Wie viel Geld muss ich verdienen?
Wie viel Geld würde ich gerne verdienen?
Könnte ich auch einfacher leben?
Wäre ich bereit, auf mein Auto, mein Haus und besondere Urlaube zu verzichten?
Wie steht meine Frau zu meinen Gedanken?
Wie steht es um unsere Ehe?
Reden wir noch miteinander?
Was würden die Veränderungen für die Kinder bedeuten?
Können wir miteinander reden?
Wie geht es mir gesundheitlich?
Habe ich Freunde?
Bin ich bereit, meinen Freundeskreis mehr oder weniger aufzugeben?
Bin ich eventuell bereit, ganz woanders hinzuziehen?
Was könnte ich mit meinen beruflichen Fähigkeiten noch anderes tun, als meine momentane Arbeit?
Wer versorgt meine pflegebedürftigen Eltern?
Wäre ich bereit, in die Freiberuflichkeit zu gehen?
Welche Fortbildungen könnte ich nutzen?
...

Je mehr Fragen Sie zusammenbekommen, desto besser ist es. Im Alten Testament finden wir diese erste Phase in Exodus 3,7a: »Und der Herr sprach: Ich habe das Elend meines Volks in Ägypten gesehen und ihr Geschrei über ihre Bedränger gehört ...«. Es geht also darum, dass wir genau hin*sehen* und genau hin*hören*!

Zweite Phase: Analyse

In dieser zweiten Phase beantworten Sie die oben gestellten Fragen so gut wie möglich und so umfassend wie nötig. Wenn Sie also wissen möchten, was Sie mit den Fähigkeiten, den *»tools«* des eigenen Berufes sonst noch alles machen könnten, dann müssen Sie sich intensiv informieren, und zwar auch in Bereichen, die einem auf den ersten Blick vielleicht gar nicht einfallen.

Eine junge Frau hatte erst eine Gärtnerlehre abgeschlossen, doch in diesem Beruf wollte sie nicht arbeiten. Also begann sie eine Ausbildung zur Altenpflegerin. Nachdem sie diese Ausbildung abgeschlossen hatte, war sie für ganz viele Bereiche wunderbar geeignet, denn es gab und gibt viele Alten-, Pflege- und Behinderteneinrichtungen, die eine Gärtnerei oder eine große Parkanlage betreuen und zur Verfügung haben.

Oder wenn jemand überlegt, in die Freiberuflichkeit zu gehen, muss er in diesem Bereich gleich noch einmal das Sechs-Phasen-Modell anwenden, da sich ganz viele neue Fragen stellen, die alle gründlich gestellt und dann ebenso gründlich beantwortet sein wollen. Wenn ich also alle Fragen gut bearbeitet und beantwortet habe, weiß ich mehr oder weniger, wo ich stehe. Dann weiß ich was »Da, wo ich bin« bedeutet:

Ich weiß, dass mir die Kinder die Hölle heiß machen werden, wenn ich ihnen zumute, die Schule und ihren Freundeskreis zu verlassen. Ich weiß, dass meine Frau sich von mir trennen würde, wenn wir unser Haus verkaufen und die Großmutter in ein Pflegeheim geben würden: »Nur über meine Leiche«, hatte sie sogar gesagt. Ich weiß, dass ich mit meinen Fähigkeiten auch im karitativen Bereich, mit weniger Gehalt zwar, aber eigenständiger, arbeiten könnte.

»Ich weiß«, sagt auch Gott in der Exodusgeschichte und aufgrund seines Wissens formuliert er ein Ziel: »Kanaan«.

Und genau das tun wir am Ende von Phase zwei: Wir formulieren ein Ziel, und zwar ein messbares, kontrollierbares Ziel. »Ich möchte, oder schlimmer noch: wir wollen, dass wir am Ende dieses Jahres alle netter miteinander umgehen!« ist kein wirklich messbares Ziel. Wenn ich jedoch im Laufe meiner Bestandsaufnahme und Analyse festgestellt habe, dass meine Lebensgefährtin und ich es verlernt haben, miteinander zu reden, dann könnte zunächst ein Ziel sein: »Wir wollen in den nächsten sechs Monaten mindestens zwölf Abende nur für uns haben, an denen wir miteinander ausgehen, essen, trinken und vor allem wieder miteinander reden (lernen).« Das kann ich messen, indem ich einfach den Terminkalender zücke, und konkret planen.

Am Ende von Phase zwei kann und wird also in der Regel zunächst ein anderes Ziel stehen, als ich es mir zunächst gedacht und erträumt habe, weil ich beispielsweise meine Familie nicht verlieren will. Dieser Preis wäre viel zu hoch – da will ich nicht sein!

Im Alten Testament finden wir diese Phase unter Exodus 3,7b: »… ich habe ihre Leiden erkannt (ich weiß, was sie erleiden) …«. Es geht in dieser Phase also darum, unseren Eindruck in *Wissen* zu verwandeln – oder zu verwerfen.

Dritte Phase: Strategie

Wenn ich mein messbares Ziel formuliert habe, stellt sich die Frage des »Wie«: Wie gehe ich erste und weitere Schritte auf dem Weg zu meinem Ziel? Zu dieser Phase gehört, dass ich einen Zeitplan erstelle und festlege, mit wem ich kommunizieren möchte und muss, um dieses Ziel zu erreichen.

Also angenommen, Sie backen erst einmal kleine Brötchen und setzen sich den Bereich der »internen Kommunikation« als Ziel. Dann bedeutet die Strategie, dass Sie a) das Ganze Ihrer Lebensgefährtin »schmackhaft« machen, denn selbst wenn Sie selbst erkannt haben, dass Sie als Paar gar nicht mehr in der

Lage sind, vernünftig miteinander zu reden, kann das immer noch bedeuten, dass Ihre Gattin das gar nicht so empfindet und auch keine Konsequenzen für nötig erachtet. Schlimmstenfalls müssen Sie ihr Ihre Gedanken und Maßnahmen schmackhaft machen (»schlimmstenfalls« deshalb, weil in diesem Fall offensichtlich die Vorstellungen von Paarbeziehung und -kommunikation so weit auseinanderliegen, dass unter Umständen zunächst eine Paartherapie angeraten ist). Bestenfalls sagt Ihre Partnerin: »Ja, du hast recht, das empfinde ich auch schon seit Langem: Wir haben einfach viel zu wenig Zeit für uns!« Dann gilt es b) den Kalender zu wälzen und die Termine verbindlich und mit Uhrzeit festzulegen. Schließlich muss c) bei kleinen Kindern ein Babysitter für diese Abende gebucht werden und d) ein geeignetes Lokal gefunden und ein ruhiger Tisch für zwei Personen reserviert werden.

Bei diesen Treffen darf dann durchaus Ihre Sehnsucht nach grundsätzlicher Veränderung eine Rolle spielen, aber sie sollte zunächst einmal nicht das Gespräch dominieren. Wichtig wäre auch die Lebenspartnerin zu fragen: Wie geht es dir denn?, und: Wonach sehnst du dich?

Im Alten Testament findet sich für diese Phase der Satz: »So geh nun hin, ich will dich zum Pharao senden, damit du mein Volk, die Israeliten, aus Ägypten führst« (Exodus 3,10).

Vierte Phase: Kreativität

Bleiben wir bei dem zunächst scheinbar »kleinen Ziel«: »Wir wollen in den nächsten sechs Monaten an mindestens zwölf Abenden füreinander Zeit haben und miteinander ins Gespräch kommen!« In der kreativen Phase geht es um die Gestaltung der Art und Weise. Bei einer Firma, die sich ein neues Marketingziel gesteckt hat und ein neues Produkt einführen möchte, ist das die Phase, in der die Werbemittel erstellt werden: Plakate, Flyer, Werbespots, Veranstaltungen und so weiter. Es ist die Stunde der Grafiker, Designer und Werbefachleute. Doch auch bei unserem kleinen Beispiel ist Kreativität gefragt: Gehen wir jedes Mal in dasselbe Lokal oder nutzen wir unser Projekt, um einmal die Gastronomie der Umgebung zur erkunden? Überrasche ich meine Lebensgefährtin mit einem Blumenstrauß oder lassen wir uns zum Beispiel von einer Kutsche abholen? Das alles wären kreative Möglichkeiten, die das Leben spannender machen und an und für sich schon dafür sorgen, dass Sie innerlich schon nicht mehr da sind, wo sie vor Kurzem noch waren und wegwollten.

In der Geschichte vom Auszug des Volkes Israel wird die kreative Phase durch die Plagen, die Ägypten befallen, beschrieben, ein bisschen makaber vielleicht, aber durchaus kreativ (vergleiche Exodus 4,27– 2,30).

Fünfte Phase: Umsetzung

Jedes Mal, wenn »nichts dazwischenkommt« und Sie sich tatsächlich in einem angenehmen Rahmen die Zeit nehmen können, einander näherzukommen, einander neu zu begegnen und einen wunderbaren Abend zu genießen, setzen Sie das gesteckte Ziel um. Und wenn ein Abend einmal ausfallen muss, weil zum Beispiel bei der Arbeit etwas dazwischenkam oder die Kinder krank sind, muss sofort ein neuer Termin gesucht und festgelegt werden. Auch das gehört zur Umsetzung. Jedes Mal, wenn Sie so miteinander ins Gespräch gekommen sind, wird sich die Atmosphäre in der Sie leben, ein wenig verbessern, und auf einmal beginnen Sie gemeinsam zu träumen und zu überlegen, wie es weitergehen könnte.

In der Geschichte vom Exodus ist die fünfte Phase die längste Phase: der Auszug aus Ägypten, vierzig Jahre Wüstenwanderung und Einzug des Volkes Israel in Kanaan (vergleiche Exodus 12,31ff.).

Ob Sie Ihr Ziel erreicht haben, können Sie messen, wenn Sie nach sechs Monaten in Ihren Terminkalender schauen und kontrollieren, ob die zwölf Abende stattgefunden haben. Sie können es auch aufgrund Ihrer Kontoauszüge messen, wenn Sie die jeweiligen gastronomischen Unternehmungen per EC- oder Kreditkarte bezahlt haben. Nicht messen, sondern nur spüren können Sie die atmosphärische Veränderung Ihrer Beziehung und Familie, die es Ihnen vielleicht jetzt ermöglicht, das Sechs-Phasen-Modell neu und gemeinsam anzugehen.

In der Exodusgeschichte ist diese Phase der Kontrolle penibel festgehalten im Buch Josua.

Die Freiheit ist schmutzig

Einmal sprachen wir über die Freiheit. Da meinte jemand zu meinem Erstaunen: »Die Freiheit ist schmutzig!« Ich widersprach heftig, doch je länger ich darüber nachdachte, desto mehr erahnte ich, dass er recht hatte: Wer frei sein will, muss auch bereit sein, Dreck auszuhalten. Er muss auch einmal in den Dreck reinfassen und darf sich nicht zu schade sein, sich die Hände schmutzig zu machen. Wer sich ausprobieren möchte, verursacht automatisch Dreck. Sehr gut verdeutlicht wird dieser Aspekt durch die Geschichte vom verlorenen Sohn (oder besser gesagt: Die Geschichte von den beiden Söhnen), die Jesus in Lukas 15,11 ff. erzählt:

Ein junger Mann will weg von zu Hause. Er hat den elterlichen Betrieb satt und möchte die Welt kennenlernen. Sein Gefühl sagt ihm: »Da, wo ich bin, will ich nicht länger sein!« – ein gesundes und normales Gefühl für einen Heranwachsenden. Und so geht er zu seinem Vater und lässt sich sein Erbe ausbezahlen. Wir stellen uns vor: Mit gut gefülltem Konto und großem Enthusiasmus begibt er sich in die weite Welt. Besonders weit kommt er eigentlich nicht (zumindest nach heutigen Maßstäben), aber er begegnet neuen, interessanten Menschen, erlebt den Trubel einer Stadt und das Partyleben. Für so ein Landei eine völlig neue Erfahrung: Er kann sich ausprobieren und ist nicht festgelegt auf alte Rollen und Klischees. Er kann sich täglich neu erfinden und muss dabei nicht besonders auf das Geld achten.

Ich denke, diese positiven Erfahrungen haben viele von uns schon gemacht: Man kann sich einfach einmal neu präsentieren, wenn man sich einmal aus den gewohnten Bezügen herausbegibt und sich auf die Begegnung mit neuen interessanten Menschen einlässt. Auf Menschen, die unsere Geschichten und Witze noch nicht kennen und die uns vielleicht auch den Freiraum geben, witziger, mutiger und experimentierfreudiger zu sein, als wir es in der Heimat je gewesen wären.

Doch viele der neuen Kontakte, die der junge Mann in der biblischen Geschichte knüpft, sind Leute, die selbst einmal aufgebrochen sind, aber die Erfahrung machen mussten: Das Leben besteht nicht nur aus Party. Aber diese Menschen freuen sich natürlich über einen neuen und großzügigen Gast in der Stadt. Bereits hier wird deutlich: Die gewählte Freiheit hat ihren Preis und ein explodierendes Freiheitserlebnis, wie es zum Beispiel in einem Drogenrausch zu finden sein mag, zieht einen schlimmen Kater unmittelbar nach sich.

Freiheit, wirkliche dauerhafte Freiheit verdrängt nicht die Umstände – es gehört zum Wesen echter Freiheit, dass sie der Wahrheit ins Auge blickt. Eine Wahrheit im Falle des verlorenen Sohnes könnte sein: Du hast nur eine bestimmte Geldsumme zur Verfügung. Wenn du dich also dauerhaft in dieser Stadt ansiedeln möchtest, dann musst du die Möglichkeiten der freien Marktwirtschaft nutzen und zumindest einen Teil deines Geldes so einsetzen, dass auch wieder Finanzen in der Weise zurückfließen, dass du dein Leben davon bestreiten kannst. Doch diese Wahrheit verdrängt der junge Mann.

Eine andere Wahrheit hätte sein müssen: Wieso hast du auf einmal so viele Freunde? Was wollen die von dir? Sind es wirklich Freunde oder nur Nutznießer deines Freiheitsdranges und deiner Großzügigkeit? Großzügigkeit ist ein wunderbares Freiheitselement! Wer großzügig sein kann, lebt leichter, macht sich nicht zu viele Gedanken darüber, warum andere manches anders machen, und lässt sich nicht so schnell von der Enge herunterziehen, die durch bestimmte Umstände oder persönliche Eigenschaften entstehen können.

Ich kenne Menschen, die können nicht großzügig sein, die sind so sehr darauf fixiert, nur ja nicht selbst zu kurz zu kommen, dass sie für meine Begriffe oftmals den eigentlichen Esprit einer Begegnung verpassen. Das kann dann später im Alter skurrile Formen annehmen: Ein älteres Ehepaar, das sein Leben lang sparsam bis geizig seine Finanzen zusammengehalten hatte, gab dann schon mal eine Party, bei der es Linsensuppe aus der Büchse gab, oder veranstaltete ein großes Jubiläumskaffeetrinken mit einem Blechkuchen. Waren sie jedoch selbst eingeladen, hatten sie Tüten und Taschen dabei, in die sie zum Erstaunen der Umstehenden Teile des Büffets beförderten, um sie mit nach Hause zu nehmen (»Damit man nichts wegwerfen muss ...«). Das Zusammensein mit solchen Menschen ist nur bedingt angenehm, denn man hat den Eindruck, dass das Gegenüber von einer Wahrnehmungsstörung befallen ist und gar nicht bemerkt, wie er und sie sich verhält. Man verliert dann doch leicht die Lust an solch einem Kontakt. In den Weisheitssprüchen Salomos lesen wir: »Einer teilt reichlich aus und hat immer mehr; ein anderer kargt, wo er nicht soll, und wird doch immer ärmer« (Sprüche 11,24).

Dabei kann man Großzügigkeit lernen. Wohl dem, der Freunde hat, die einem helfen, das zu lernen, und einen mit

hineinnehmen in die eigene Großzügigkeit. »Im Zweifelsfalle großzügig!« ist ein wunderbar freiheitliches Lebens-
motto.

Der junge Mann aus der biblischen Geschichte war mit Sicherheit großzügig. Vielleicht war die Großzügigkeit das wichtigste
Erbe von seinem Vater, aber er war sicher auch grundnaiv. Und
es kommt, wie es kommen musste: Das Geld geht zur Neige und
mit dem Geld schwinden auch die Kontakte und die fröhlichen
Events. »Loser« sind einsam, Verlierer haben etwas an sich, was
ansteckend sein könnte. Und natürlich Murphys Gesetz: Ein
Unglück kommt selten allein. Eine Wirtschaftskrise ereilt das
Land und die Wahrheit, ohne die Freiheit nicht existieren kann,
trifft ihn umso härter. Er hat seinen Weg in die Freiheit nicht
nachhaltig angelegt und vorbereitet, sondern wie ein buntes
Feuerwerk abgefackelt. Nun ist es wieder dunkel – dunkler als je
zuvor: »Er hing sich an einen Landbesitzer, um bei ihm die
Schweine zu hüten ...«

Der Drang nach Freiheit endet in einer noch größeren Ab-
hängigkeit. Schon allein dieses Bild, wie er sich da an einen
anderen Menschen hängt: Kleine Kinder machen das
manchmal, wenn sie nicht wollen, dass man irgendwo ohne
sie hingeht. Sie hängen sich einem um die Beine, dass man
kaum noch laufen kann. »Die Freiheit ist dreckig!«, klingt
es in meinen Ohren. Genau da endet der Freiheitstrip des
verlorenen Sohns: im Dreck, bei den Schweinen, die er nun
Tag für Tag und für einen Hungerlohn hüten darf und muss.

Doch nun erinnert er sich an eine verloren gegangene Freiheit –
die Freiheit des Kindes, die ihm ein liebender Vater einst gewährte. Eine Freiheit, die er damals, als er loszog, nicht zu
schätzen wusste. Doch diese Freiheit scheint es nicht mehr zu
geben, denn er hat sie ja verlassen. Er hat sich sein Erbe auszah-
len lassen und die Freiheit, die er hatte, nicht wertgeschätzt.
Doch gemäß dem Motto der Bremer Stadtmusikanten: »Etwas
Besseres als den Tod finden wir überall!« kündigt er dem fremden Landbesitzer. Wieder überkommt ihn das Gefühl: »Da, wo

ich bin, da will ich *nicht* sein!« Doch dieses Mal sind die Kosten viel höher als beim ersten Mal.

Als er von zu Hause loszog, ging es lediglich darum, sich das Erbe vorzeitig ausbezahlen zu lassen und loszuziehen. Damals war er voller Hoffnung, ein neues, ein ganz anderes Leben beginnen zu können. Doch nun ist er bankrott, ein Habenichts, der nur noch eine einzige Lebensmöglichkeit erkennen kann, nämlich die Rückkehr in sein Elternhaus. Was für eine Schmach! Über wie viele Schatten er wohl springen musste, um seinen Stolz zu überwinden? Die neuerliche Erkenntnis »Da, wo ich bin, da will ich nicht sein!« kommt ihn wahrlich teuer zu stehen!

Er kehrt um und macht sich auf den Weg zu seinem Vater. Es ist ein Vater, der, wie sich herausstellt, sehnsüchtig auf seinen Sohn wartet und ihn nicht aufgegeben hat. Es muss offensichtlich eine starke Verbindung zwischen Vater und Sohn gegeben haben, denn beide hatten ja Sehnsucht nacheinander. Und der Vater nimmt sich die Freiheit, auf seinen Sohn zu warten, egal wie dieser sich verabschiedet haben mag. Er hat die Freiheit, seinen Gefühlen freien Lauf zu lassen, seinem Sohn froh entgegenzugehen, froh darüber, dass sein geliebtes Kind lebt und wieder da ist. Da ist kein Stolz, keine verletzte Eitelkeit, die den anderen erst einmal schmoren lässt, bis der zerknirscht zugibt, dass der Vater ja recht hatte und so weiter.

Der Sohn hat die Freiheit dessen, der nichts mehr zu verlieren hat. Er fällt auf die Knie und bietet seine Dienste als Diener an. Er kann sich nicht vorstellen, dass der Vater ihn weiter als seinen Sohn betrachtet, nach allem, was er sich geleistet hat.

In dieser Freiheit begegnen die beiden einander völlig neu – beide erkennen auf ihre Weise die Wahrheit, und die Wahrheit ist, dass sie einander lieben und einander verzeihen wollen. Dem anderen verzeihen, ihn aus der Schuld in eine neue Beziehung zu entlassen, das ist die wunderbare Freiheit des Evangeliums. Und wo diese Freiheit spürbar und erkennbar wird, gibt es ein Fest. Ein Fest der Liebe und der

Versöhnung. Auch hier spielt die Großzügigkeit, der Schmuck der Freiheit, eine wichtige Rolle:

> Großzügig lässt der Vater seinen verloren geglaubten Sohn neu einkleiden und stellt durch einen Siegelring die Würde seiner Sohnschaft wieder her.

Dem steht die Enge und der Neid des zu Hause gebliebenen Sohnes diametral entgegen. Aber es wäre ungerecht, nur vom »zurückgebliebenen Sohn« zu sprechen. Zu gut können wir seinen Ärger und seine Verbitterung nachvollziehen:

> Der ältere Sohn beschwert sich bei seinem Vater: Wie kannst du für diesen Taugenichts jetzt auch noch ein Fest geben und so tun, als wäre nichts gewesen?

Der zurückgebliebene Sohn ist richtig sauer auf seinen Bruder und das ist absolut verständlich:

> Der da hat sein Erbe verschleudert und hat jetzt die Stirn, hier wieder aufzutauchen. Ich habe hier die ganze Zeit die Stellung gehalten und es mir verkniffen, mit meinen Freunden einmal ein Fest zu feiern und eine unserer Ziegen zu schlachten. Und was habe ich nun davon? Du belohnst den Treulosen, den Herumtreiber, den Nichtsnutz, der es wagt, nach Hause zu kommen!

Auch das ist die Wahrheit und der Vater stellt sich dieser Wahrheit auch. Aber diese Wahrheit wird überlagert und überwältigt von der Freude, von der Liebe des Vaters und von seiner Großzügigkeit:

> Freue dich doch mit uns! Dieser dein Bruder war verloren und ist jetzt wieder da. Du hättest die ganze Zeit die Freiheit gehabt, mit deinen Freunden ein Tier zu schlachten und ein Fest zu feiern. Das ist eine nachhaltige Freiheit, die dein Bruder lange entbehren musste. Glaube mir, er hat seine Lektion gelernt!

Ob sich der zu Hause gebliebene Bruder von der Großzügigkeit des Vaters nun anstecken ließ oder ob er sich
rechthaberisch und schmollend aus der Freiheit der Liebe
zurückgezogen hat in die Enge des Neids, wird nur angedeutet. Viele Familien sind daran zerbrochen, dass man einander nichts gegönnt hat und dass es beispielsweise beim
Antritt eines Erbes zu entsetzlichen Streitigkeiten kommen
kann, bei denen alle Freiheit verloren geht.

Die Flucht

Wenn ich mich an einem Ort befinde, an dem ich nicht sein
möchte, ist die Flucht ein allererster und natürlicher Reflex:
»Nichts wie weg!« Doch eine spontane oder gar panikartige
Flucht hat in der Regel noch kein Ziel im Blick – beantwortet nicht die Frage: »Wo will ich eigentlich sein?« Wer flüch-
tet, will zunächst einmal einfach nur weg. Und sofort fallen
uns die dramatischen Bilder der *»boat people«* ein, die sich
aus den armen Ländern dieser Welt in kleinen und völlig
überfüllten, nussschalenartigen Booten hinaus aufs Meer
wagen. Obwohl sie wissen, dass sie nur eine minimale
Chance haben, von einem der »reichen« Länder aufgenommen zu werden, fliehen sie. Diese Menschen haben so klar
erkannt, dass sie da, wo sie sind, nicht sein wollen, dass sie
keinerlei Kosten und Mühen scheuen, um wegzukommen.

Wenn sich Verzweiflung breitmacht und man wirklich
da, wo man ist, nicht mehr sein möchte – auch weil man da
nicht mehr sein kann –, dann ist Flucht vielleicht und zunächst einmal der letzte Ausweg vor dem sicheren Tod.
Wenn ich also jemand bin, der zu dem Ergebnis gekommen
ist, dass ich sagen kann und darf: »Da, wo ich bin, da will ich
sein!«, dann habe ich auch eine Verantwortung den Menschen gegenüber, die das so nicht sagen können. Eine Verantwortung, die ich selbst zum Beispiel in der Weise wahr-

nehme, dass ich Hilfsorganisationen unterstütze, die Menschen auf der Flucht helfen und langfristig dafür sorgen, dass auch diese Menschen einen Ort finden, an dem sie sein wollen.

Auch in der Bibel gibt es »Fluchtgeschichten«. Die bekannteste ist wohl die des Propheten Jona. Dieser erhält von Gott den Auftrag, in die Stadt Ninive zu reisen, um den Menschen dort das Gericht zu verkünden. Jona hat aber dazu keine Lust. Deshalb flieht er ...

»Du lieber Himmel, wie das geschaukelt und gepoltert hat, noch nie habe ich so einen Sturm erlebt; das Einzige, was mir übrigblieb, war, mich flach hinzulegen! Das hilft immer, wenn ich seekrank werde: einfach flach hinlegen, Augen zu und entspannen. Über mir, an Deck des Schiffes, mit dem ich nach Tarsis floh, sind sie Amok gelaufen. Ich höre die entsetzten Schreie: Oh Gott, wir ertrinken! Jeder soll zu seinem Gott beten, dass wir gerettet werden! Da habe ich Namen von Göttern gehört, die ich vorher noch nie vernommen hatte. Manche der Männer schrien wie Kinder. Manche haben auch tatsächlich nach ihrer Mama gerufen! Erwachsene Männer machen sich richtig in die Hose und schreien auf einmal: ›Mama hilf mir!‹ – Als ob das etwas nützen würde!

Panik war ausgebrochen und ›Platsch‹ und ›Platsch‹ begannen die Seeleute ihre Ladung über Bord zu schmeißen. So ein Unsinn! Als ob ein Schiff, das leichter ist, dem Sturm besser entrinnen kann! Als dann noch ein Gewitter dazukam, war es endgültig aus: Unter dem Donner, dem Blitzen und Krachen hatten die Leute den Eindruck, das Schiff würde zerbrechen. Sie schrien noch lauter und warfen noch mehr Ladung über Bord. Ja, so ist das mit uns Menschen: Das ganze Jahr über scheren wir uns nicht um Gott und dann, wenn uns das Wasser bis zum Hals steht, soll er auf einmal helfen und da sein. Dann flehen wir ihn an, vergessen unseren ganzen Stolz, zuckeln auf Knien hin und her und machen uns komplett zum Affen.

Irgendwie muss ich sehr müde gewesen sein, denn trotz des heftigen Windes und des lauten Gewitters, trotz des bedenklichen Ächzens des alten Kahns muss ich wohl eingeschlafen sein – zusammen mit meinem kleinen, süßen Geheimnis. Unsanft wurde ich aus meinen Träumen aufgerüttelt: ›Hey, du hast vielleicht Nerven! Liegst hier unten und pennst! Wir haben schon all unsere Götter durchgebetet, aber der Sturm wird immer schlimmer. Jetzt bist du dran! Vielleicht kennst du ja einen Gott, der uns helfen kann!‹

Ja, echt! So einfach und pragmatisch haben die damals gedacht! So ähnlich wie bei Fußpilzsalbe oder Kopfschmerztabletten: irgendeine muss doch helfen! Wir haben alles ausprobiert – vielleicht weißt du ja noch ein Mittel! Aber bevor ich antworten konnte, hatte schon ein anderer gerufen: ›Komm wir werfen ein Los, dann wird sich ja zeigen, wer Schuld hat an diesem Sturm.‹

O, wie ich das hasse! Ich hatte früher beim Flaschendrehen auch nie Glück: Immer deutete der Hals auf mich. Immer war ich der Dumme, den es traf. Und natürlich auch diesmal: die Münze fiel eindeutig in meine Richtung und alle starrten mich an. Und jetzt flogen die Fragen durcheinander: Warum geht es uns so schlecht? Was für einen Beruf hast du und wo kommst du her? Aus welchem Land kommst du und zu welchem Volk gehörst du? Das war fast wie diese kleinen Fragebögen, die Sie ausfüllen müssen, wenn Sie mit dem Flugzeug in die USA einreisen wollen: Wo kommen Sie her? Wo wollen Sie hin? Haben Sie Waffen bei sich? Haben Sie vor, einen terroristischen Anschlag in den USA zu verüben? Sind Sie drogenabhängig? Haben Sie eine ansteckende, unheilbare Krankheit? Was ist Ihr fieses kleines Geheimnis? Bitte seien Sie doch so nett und verraten es uns! So fragen die da und dann kommt unten der Zusatz: Sollten Sie eine oder mehrere dieser Fragen mit ›Ja‹ beantworten, könnte es sein, dass wir Ihnen die Einreise verweigern.

So ähnlich war das auch damals: Ich bin ein Hebräer und vor meinem Gott, der Himmel, Wasser und Erde gemacht hat, geflohen. Okay, ich gebe zu: Gott hat mir einen Auftrag gegeben: ›Jona, mache dich auf und geh in die große Stadt Ninive und predige gegen sie, denn ich habe von ihrer Bosheit gehört.‹

Seien Sie ehrlich, das ist doch ein übler Auftrag: ›Geh in die große Stadt Ninive und wasch denen einmal so richtig den Kopf, geig denen so richtig die Meinung! Deine Botschaft heißt ganz einfach: Die Welt geht unter!‹ Darauf haben die gerade noch gewartet. Geh doch einmal nach Frankfurt, München oder Berlin und sag denen so richtig deutlich, wo's langgeht! Wie soll ich das denn machen? Wo fange ich denn da an? Mir hört doch überhaupt niemand zu! Soll ich mich wie diese Sektierer an der Hauptwache mit der Bibel unterm Arm auf eine Obstkiste stellen und wild herumbrüllen? Das war in den Siebzigerjahren große Mode: An jeder Ecke stand einer und hat den Untergang gepredigt. Jetzt kommen die alle wieder – jetzt, wo wir es von meteorologischer Seite amtlich haben: ›Die Welt geht unter!‹ Jetzt kommen sie alle wieder, denn dass die Welt eines Tages untergeht, steht eben auch in der Bibel – aber das will doch keiner hören!

Was hätten Sie gemacht, wenn Sie so einen Auftrag bekommen hätten? ›Ich hab mich wohl verhört und hab doch keinen Bock auf Ärger!‹ Und deswegen habe ich ganz einfach Tourist gespielt und mich auf eurem Luxusliner nach Tarsis eingekauft. Okay, es gibt da ein kleines Geheimnis in meinem Leben: Ich habe einen eindeutigen Impuls von Gott gespürt und bin ihm nicht gefolgt. Ich war ungehorsam und bin vor Gott abgehauen. Aber das macht doch jeder! Das kennt doch jeder, dass da eine Stimme in seinem Inneren zu ihm spricht: Eigentlich dürftest du jetzt nicht kneifen. Eigentlich müsstest du jetzt zuhören; eigentlich müsstest du zu diesem oder jenem Menschen hingehen und ihn um Verzeihung bitten. *Aber wir tun es einfach nicht!* Wir haben unsere Ausflüchte. Wir fliehen, dabei bestünde die Lösung einfach darin, das zu tun, was Gott uns aufträgt. Wir scheuen die Unannehmlichkeiten, die es mit sich bringt, wenn wir einem unangenehmen Impuls folgen. Jeder und jede hat sein ›geheimes Leben‹: Sehnsüchte, Pläne, Angewohnheiten, Verbitterungen und Erfahrungen, von denen niemand etwas weiß. Und obwohl der Sturm schon längst losgebrochen ist und unser Lebensboot aus den Fugen gerät, halten wir fest und verdrängen bis zur Leblosigkeit das, was als klarer Impuls, als klare Stimme Gottes schon lange in uns klingt. Wir trauen uns nicht, diese Stimme ernst zu nehmen, und bevor das Leben noch anstrengender wird, verfallen wir in eine lethargische Grundstimmung: Wir wundern uns, warum Gott nicht (mehr) zu uns spricht. – Er hat es schon längst getan, wir sind nur überhaupt nicht bereit, ihm zu folgen.

›Und was sollen wir jetzt mit dir machen?‹, fragten mich die Umherstehenden völlig ungerührt. ›Das ist ja alles schön und gut, aber wir wollen eigentlich nur, dass dieser ätzende Sturm aufhört, und dann wollen wir wieder zur Tagesordnung übergehen. Mag ja sein, lieber Jona, dass wir alle auf der Flucht sind, aber das ändert nichts an der Tatsache, dass das hier wohl der Sturm ist, den du beziehungsweise dein Gott ausgelöst hat. Keiner von uns hat so einen Gott, der so ein persönliches Interesse an uns hat, dass er nicht lockerlässt, dass er uns wachrüttelt und mit seinem Wind so um die Ohren pfeift, dass uns Hören und Sehen vergehen. Unsere göttlichen Gegenüber, das, woran wir uns orientieren, schweigt und kämpft nicht um uns.‹

Wohl dem, der Gott so kennengelernt hat: als ein Gegenüber, als einen, der nicht lockerlässt; als einen, der mich daran erinnert: Du bist in meinem Auftrag auf der Erde. Du hast eine Aufgabe und egal wo du bist oder wohin du fliehst, werde ich dich immer und immer wieder daran erinnern, dass ich da bin. Ich möchte, dass du ein sinnvolles Leben führst, ein Leben, dessen Spuren ich in dich hineingelegt habe. Das ist dein eigentliches »geheimes Leben«! Nicht die vielen kleinen und großen Versäumnisse und verpassten Chancen deines Lebens, sondern das, was tief in deinem Inneren von Gott her angelegt ist: Du bist schön! Du bist wertvoll! Und es gibt einen Plan für dein Leben! Doch diese Stimme Gottes in meinem Leben ist verschüttet und wird überdröhnt von den vielen anderen Stimmen, die tagtäglich auf mich einströmen. Die mich daran hindern, mein ›geheimes Leben‹ anzusehen und ernst zu nehmen.«

Bei vielen von uns hat dieses geheime Leben mit der Taufe begonnen. Wir wurden hineingetaucht oder überschüttet mit der Gegenwart Gottes: Gott hat dich lieb! Unter Millionen von Bewerbern wurde allein dir das Leben geschenkt! Du bist ein Wunschkind! Immer wieder ist in unserem Leben dieses »geheime Leben« aufgeblitzt. Da gibt es doch noch mehr als das, was ich mir von meinem Leben vorstellen und ausmalen kann. Da gab es doch noch eine Aufgabe, einen ganz anderen Grundauftrag für mein Leben! Aber schon ist es wieder weg. Und dann, eines Tages, wenn der Sturm losbricht, wenn uns die Probleme und Fragen über den Kopf steigen, erinnern wir uns vielleicht an dieses »Geheimnis des Glaubens«: an die Taufe und das Wasser, aus dem wir einmal neu geboren wurden.

»Werft mich ins Wasser, dann hört der Sturm auf!«, ruft Jona und nach einigem Hin und Her werfen ihn die Seeleute tatsächlich über Bord. Und siehe da: Ruh ist! Jona wird *stante pede* von einem Walfisch verschluckt und verbringt drei Tage und drei Nächte an der »Eiger-Magenschleim-Nordwand«, bis er schließlich Richtung Ninive an Land gespuckt wird.

Viel spannender als die Frage, ob das denn wirklich so passiert sei, ist die Erkenntnis, dass diese Erzählung in der alten Kirche als Tauferzählung verwendet wurde. Dabei galt der Magen des Wals als die dunkle Totenwelt, aus der Christus nach drei Tagen wieder auferstand. Die Taufe nimmt uns mit hinein in dieses Geschehen: das Untertauchen im Wasser symbolisiert das Sterben, das dreimalige Untertauchen (oder Besprengen) steht für die drei Tage, aber auch dafür, wie sich Gott uns im Vater, im Sohn und im Heiligen Geist offenbart hat. Das Auftauchen steht für die Neugeburt, für das neue Leben: Wir werden wie Jona an Land gespült, der Aufgabe, dem Leben entgegen, das Gott in uns hineingelegt hat.

Natürlich kann ich fliehen oder es wenigstens versuchen, wenn ich feststelle: »Da, wo ich bin, will ich *nicht* sein!« Aber die Flucht ist keine Lösung, denn ich habe ja immer mich selbst mit dabei und mit mir meine ungelösten Aufgaben und Probleme. Das Leben ist eine Aufgabe und besteht aus mehreren Aufträgen an uns. Dem kann ich mich, wenn mein Leben gelingen soll, nicht entziehen. Wenn jemand flieht, rennt er letztendlich seinem eigenen Leben davon, denn er hat keine Zeit und keine Chance herauszufinden, wo er oder sie eigentlich sein und auch bleiben möchte.

Das Fasten

Eine Chance herauszufinden, wo ich bin und wo ich eigentlich sein möchte, bietet die alljährliche Fastenzeit. Rund zwei Millionen Menschen in Deutschland nutzen jedes Jahr die Fastenzeit, um zu fasten, um auf etwas zu verzichten, das sie lieb gewonnen haben. Aktionen wie »Sieben Wochen ohne« helfen dabei, diese Zeit des Verzichts auch inhaltlich zu füllen.

So überraschend es klingen mag, aber Verzicht hat ganz viel mit unserem Thema zu tun. Das erlebe ich auch bei mir selbst. Indem ich zum Beispiel einmal im Jahr sieben Wochen auf Alkohol verzichte, beweise ich mir selbst, dass ich die Freiheit dazu habe. Ich muss nicht jeden Tag ein Glas Wein trinken, sondern kann auch darauf verzichten. Ich zeige mir selbst: In Sachen Alkohol bin ich da, wo ich sein will – nämlich nicht abhängig!

Na ja, sagt vielleicht der ein oder andere, das kann ich auch! Das ist doch kein Kunststück! Doch wenn es etwas gibt, was ich regelmäßig und täglich tue (zum Beispiel fernsehen, E-Mails checken, Süßigkeiten naschen), und zwar so, dass ich es gar nicht mehr merke, dann kann es ein Akt der Freiheit sein, sich diese Abhängigkeiten bewusst zu machen und sich zumindest für eine Zeit davon zu befreien. Die sieben Wochen Fastenzeit geben mir auch die Möglichkeit zu überprüfen, was ich wirklich brauche: Was gehört zu meinem Leben unabdingbar dazu? Und wo bin ich abhängig?

Wer die Freiheit hat, etwas zu lassen, hat auch die Freiheit, es weiter und wieder zu tun, wenn er oder sie merkt, dass es nicht zwanghaft ist, sondern zum eigenen Leben genau so gehört, wie man es haben möchte.

Eine ganz andere Erfahrung ist es dann, wirklich zu fasten, also ganz auf Nahrung und alles andere außer Flüssigkeit zu verzichten und festzustellen: Ich habe die Freiheit! Ich werde leichter, mein Kopf wird frei und ich beginne Neues in meinem Leben zu entdecken. Gerade in unserer Konsumgesellschaft sind wir ja Gefangene der Werbung und des freien Marktes. Wir sind Gefangene des Kaufrauschs und der Schnäppchenjagd. Das Fasten hilft mir, mich von diesen Zwängen zu befreien und einen neuen Blick auf das Leben zu bekommen.

Loslassen

Als Eltern von pubertierenden Kindern muss man akzeptieren, dass die Sprösslinge irgendwann einmal sagen: »Da, wo ich bin, will ich nicht mehr bleiben!« Das ist ganz normal und war bei uns selbst auch nicht anders. Wir müssen lernen loszulassen, und das ist nicht einfach. Jemand, der sich in den Ruhestand verabschiedet, muss lernen loszulassen und sich anderen Aufgaben zuzuwenden. Im Grunde ist es ein lebenslanger Lernprozess, Dinge immer wieder auch loszulassen. Aber wenn es gelingt, ist das befreiend und belebend.

Ein überzeugter Atheist wandert in den Bergen. Plötzlich rutscht er aus und fällt in eine Schlucht. Im letzten Moment kann er sich gerade noch an einem kleinen Ästchen festhalten und baumelt nun gewissermaßen »am seidenen Faden« über der Schlucht. In seiner Not ruft er nach Gott. Ein Wunder geschieht: Gott antwortet und fragt: »Was willst du von mir? Ich dachte, du glaubst nicht an mich?« Darauf antwortet der Gestrauchelte: »Doch jetzt glaube ich an dich und wenn du mich rettest, dann werde ich mein Leben ändern und dir vertrauen!« Darauf antwortet Gott: »Du willst mir vertrauen? Wirklich? Dann lass jetzt los!«

Freiheit hat etwas mit Loslassen zu tun und was Loslassen bedeutet, kann ich beispielsweise beim Bogenschießen lernen.

Als Kind war ich ein begeisterter Indianerfan. Ich habe mir selbst und mit der Hilfe meiner Mutter nach Originalvorlagen Indianerschmuck und -kleidung angefertigt, aber auch Pfeil und Bogen. Natürlich waren diese selbst geschnitzten Holzbögen weit entfernt von dem, was einen Profibogen ausmacht, aber das Prinzip des Schießens war dasselbe: Zunächst muss man den Bogen spannen. Dann gilt es, ein Ziel ins Auge zu fassen, einen Pfeil auszusuchen und aufzulegen. Anschließend nimmt man den Bogen hoch, fasst erneut das Ziel ins Auge und zieht den Pfeil auf der Sehne zurück. Erneut fixiert man das Ziel, darf dann nicht zu lange warten, sonst beginnt man zu wackeln und verliert das Gefühl für das Ziel. Wir haben das damals regelrecht trainiert: Ziel bestimmen (zum Beispiel einen Baum oder eine Zielscheibe), Pfeil und Bogen hochnehmen, Ziel fixieren, anspannen und loslassen. Wir hatten bemerkt, dass man eine erstaunliche Trefferquote erzielt, wenn man das relativ oft und zügig übt. Wenn ich falsch oder unkonzentriert losließ, dann schnalzte die Sehne auf den nackten Unterarm und das tat weh. Wenn man die Sehne ohne Pfeil schnalzen ließ, war der Bogen ziemlich schnell untauglich.

Bogenschießen ohne ein Ziel ist sinnlos, ja gefährlich, weil man ja wild in der Gegend herumschießt, und kostspielig, weil einem relativ schnell die Pfeile ausgehen. In vielen Gemeinden habe ich den Eindruck, dass man ungeheure Anspannungen macht, schicke Pfeile und edle Bogen besorgt, die Muskeln spielen lässt, aber man hat kein Ziel. Die Pfeile fliegen ins Leere und die Energie verpufft. Vom Bogenschießen lerne ich: Wenn ich ein Ziel vor Augen habe, dann macht Loslassen richtig Spaß! Bitte frei machen von falschem Aktionismus!

Gerade vom Bogenschießen kann man auch sehr viel im Bezug auf Lebensklugheit lernen: Wenn wir sagen, dass wir uns einmal entspannen müssten, kann uns der Bogen sehr bildreich lehren, warum wir das unbedingt brauchen. Dass wir kaputtgehen, wenn wir uns nicht entspannen. Ein Bogen, der nicht nach jedem Bogenschießen entspannt wird, geht kaputt. Und auch diesen Ausdruck kennen wir: Jemand überspannt den Bogen.

Gerade in der sogenannten »freien Wirtschaft« gibt es viele angespannte und überspannte Leute. Es gibt sogar Experten, die trainieren den polyphasen Schlaf, das heißt, man schläft immer nur 20 Minuten und das sechs Mal auf 24 Stunden verteilt. Da ist man dann zwar für kurze Zeit ziemlich fit und leistungsstark, aber spätestens nach einer Woche bricht das System ein und es geht gar nichts mehr. Vor einiger Zeit hörte ich ein Radiointerview mit einem Studenten aus Freiburg, der das einmal im Selbstversuch getestet hatte. Sein Resümee: Für kurze Zeit geht das und man ist super fit, aber nach einiger Zeit wird man so unkonzentriert und fahrig, dass einem praktisch nur noch sehr wenig gelingt.

Der Wellness-Boom der letzten Jahre wurde aus dieser Sehnsucht nach Entspannung geboren. Doch wenn Entspannung und Chillen nur noch zum Selbstzweck wird, geht das andere verloren: Wir brauchen Ziele, auf die wir uns konzentrieren und die wir erreichen wollen. Nach der Entspannung brauchen wir auch wieder Anspannung. Ein Bogen, der immer nur entspannt in der Ecke steht, verfehlt seinen eigentlichen Sinn. Ein Zeitgenosse, der immer nur völlig entspannt unterwegs ist, verfehlt ebenfalls seinen eigentlichen Sinn. Jeder Mensch hat eine Aufgabe, ein Ziel, dem es zu entsprechen gilt. Das, was die fernöstlichen Religionen mit »Yin und Yang« und der Benediktinerorden mit »*ora et labora*« (»bete und arbeite«) umschrieben haben, wird im Bild des Bogens und im Anspannen und Entspannen besonders deutlich. Die Aufforderung »Bitte frei machen!« kommt hier zweimal zur Anwendung: einmal dann, wenn wir den Bogen nach dem Schießen wieder entspannen, also von seiner Anspannung befreien, und zum andern dann, wenn wir den Pfeil loslassen.

Gerade das Loslassen fällt vielen Menschen unendlich schwer. Den Eltern fällt es schwer, ihre Kinder loszulassen, sie mehr und mehr in die Eigenständigkeit zu entlassen und darauf zu vertrauen, dass sie ihren Weg finden werden. Es fällt schwer mitzuerleben, wie das Haus, der Hort der Familie, auf einmal wieder leerer wird – keine Vielstimmigkeit mehr, kein Streiten, kein Singen, kein Schimpfen, kein Lachen –, wenn beim Essen auf einmal wieder nur zwei Teller auf dem Tisch stehen und die Ehepartner wieder auf sich allein gestellt sind.

Viele Ehen gehen an dieser Schnittstelle auseinander, weil beide Elternteile nicht wirklich loslassen und entspannen können. Das Loslassen ist begleitet von einer ungeheuren Anspannung – und das geht rein physikalisch eigentlich gar nicht. Meine Frau und ich haben schon frühzeitig immer wieder versucht, uns das bewusst zu machen und das Loslassen zu üben, indem wir schon relativ bald unsere Kinder bei Freunden übernachten ließen oder abends zu zweit weggegangen sind (erst mit Babysitter, später ohne). Aber dennoch spüren wir bis heute immer wieder, wie schwer es ist und sein wird, wirklich loszulassen.

Eltern

Was können wir Eltern
denn anderes tun,
als unsere Kinder zu lieben
und das jeweils
mögliche Leben
fördernd mit zu tragen?

Bei vielen Politikern können wir beobachten, dass auch sie nicht in der Lage sind loszulassen. Es ist doch unglaublich, dass sich Leute wie Wolfgang Schäuble oder Helmut Kohl bis ins hohe Alter für unverzichtbar deklariert haben. Was für eine Angst müssen sie haben? Angst vor einem großen Loch, in das sie zu fallen drohen? Die Macht selbst und ihre Insignien, wie Bodyguards, Dienstwagen und Chauffeur, verleihen einem Menschen Bedeutung. Eine Bedeutung, die er nicht mehr hat, wenn er loslässt.

Meine Bedeutung, meine Aufgabe und mein Ziel ist von Gott her bestimmt und in der Taufe lerne ich loszulassen. Ich lerne, mein altes Leben, mein altes Ego loszulassen, mit Christus unterzutauchen (bildhaft: zu sterben) und im Auftauchen mit ihm aufzuerstehen. Dieses »in Christus sein« bedeutet in und mit der Wirklichkeit der Auferstehung zu leben – und das ist wirklich frei: frei von dem lebenslänglichen Schatten des Todes.

Bitte frei machen!

Immer wieder begleitet uns in diesem Buch die Geschichte von Paulus und Silas im Gefängnis. Und wenn der Gefängnisaufseher schließlich fragt: »Was muss ich tun, um gerettet zu werden?«, wendet er sich an die beiden mit dem Anliegen: »Helft mir, so frei zu werden, wie ihr es seid!« Oder eben kurz und prägnant gesagt: »Bitte frei machen!«

Diese Bitte begleitet uns durch unser ganzes Leben. Auch wenn wir vollen Herzens sagen: »Da, wo ich bin, da will ich sein!«, gibt es immer einen unerlösten Teil unserer Existenz: Es gibt Sehnsüchte, die wir in unserem Herzen tragen; es gibt Schwächen, Ängste und Fehler, die uns letztendlich doch nicht ganz so leben lassen, wie wir es idealerweise gerne hätten. Deshalb beten wir im Vaterunser »Bitte frei machen!«, wenn es heißt: »Und erlöse uns von dem Bösen!« Weil wir in unserem Alltagsgeschäft so oft mit dem zugeschüttet sind, was zu tun ist, brauchen wir Freiräume um innezuhalten. Aus diesem Grund sagt uns auch das dritte Gebot »Bitte frei machen!«, wenn es da heißt: »Du sollst den Feiertag heiligen!« Doch dazu später mehr. Hier soll nur festgehalten werden: Auch als einer, der sagt: »Da, wo ich bin, da will ich sein!«, wird mich die Sehnsucht nach Freiheit und Erlösung immer begleiten. Das gehört zu unserem Menschsein.

»Bitte frei machen!«, heißt es beim Arzt, wenn man untersucht werden soll oder kurz vor der Röntgenaufnahme. »Bitte freimachen!« steht aber auch auf jeder Postkarte, »freimachen« bedeutet hier, dass man für den Transport der Postkarte bezahlt und sie mit einer entsprechenden Briefmarke »befreit«. Das erinnert an den Sklavenhandel im 19. Jahrhundert, bei dem man Menschen »frei machen« konnte, indem man für sie bezahlte. Sklaven, Gefangene stellten einen bestimmten Wert dar, und wenn jemand wollte, dass ein Sklave freigelassen wurde, musste er diesen Wert bezahlen.

Wenn jetzt jemand denkt: Na ja, Gott sei Dank sind diese Zeiten vorbei!, übersieht er die Tatsache, dass es heute mehr Sklaven gibt denn je. Organisationen wie *Amnesty International* schätzen die Anzahl der Menschen, die heute weltweit in sklavereiähnlichen Verhältnissen leben, auf etwa 14 Millionen Menschen. In Asien zählt zum Beispiel in bestimmten Bevölkerungsgruppen ein Menschenleben – oder schlimmer gesagt: ein Mädchenleben – nicht besonders viel. Arme, kinderreiche Familien sehen oftmals keinen anderen Ausweg, als einen Teil ihrer Kinder an wohlhabende Bürger zu verkaufen, die diese dann als Leibeigene halten, entsprechend behandeln und weiterverkaufen. Hier muss »bitte frei machen!« wie ein Aufschrei erklingen.

Doch auch in vielen anderen Bereichen unseres eigenen Lebens gilt es, die »Ge-« und »Befangenheiten« aufzudecken, die uns einschränken und deckeln. Die eigentlichen Probleme, für die unsere Energie dringend gebraucht und freigesetzt werden müsste, liegen in fast allen gesellschaftspolitisch relevanten Bereichen: In Deutschland, aber auch weltweit geht die Schere zwischen Arm und Reich immer weiter auseinander. Was tue ich – Clemens Bittlinger – dagegen? Nichts! Gut, ich spende regelmäßig Geld und unterstütze Organisationen wie die Christoffel-Blindenmission, für die ich Benefizkonzerte veranstalte, aber die Befreiung aus dem Widerspruch einer reichen, christlich geprägten westlichen Welt und einer immer ärmer werdenden sogenannten Dritten Welt, dieser Wunsch nach Befreiung steht nicht ganz oben auf meiner »*To do*«-Liste.

Jemand hat einmal gesagt: »Der Wohlstand ist viel zu angenehm, als dass jemand etwas dagegen haben könnte!« Dabei müssen wir uns als Christen die Frage gefallen lassen: Was hat das reiche, sogenannte »christliche Abendland« noch mit dem besitzlosen und vagabundierenden Jesus von

Nazareth zu tun? Nur sehr wenig bis gar nichts mehr, würde ich einmal behaupten. Wir hören in unseren Gottesdiensten seit Jahrtausenden die Geschichte vom reichen Jüngling, dem Jesus rät: »Wenn du wirklich die Freiheit des ewigen Lebens erfahren und erahnen möchtest, dann gehe hin und verkaufe alles, was du hast!« Eine super Pointe, die wir uns stundenlang anhören können, aber umsetzen wird sie wohl kaum einer. Da halten wir uns dann doch lieber an den reichen jungen Mann, von dem es heißt: »Und er ging traurig davon, denn er hatte sehr viel Geld!« Wohl aus diesem Grund gab und gibt es in den Kirchen immer wieder Bewegungen, die sich, von dem ursprünglichen »Freiheitsideal des Jesus von Nazareth« inspiriert, der Armut und der Besitzlosigkeit verschrieben haben.

> Vor vielen Jahren bin ich einmal Tom Königs begegnet. Er ist einer der Mitbegründer der Grünen und ehemaliger Stadtkämmerer der Stadt Frankfurt. Er stammte ursprünglich aus einem recht wohlhabenden Elternhaus und hatte das umgesetzt, was Jesus dem reichen Jüngling geraten hat: Er hat sein Erbe verschenkt »an die Armen« – in diesem Fall an die Widerstandskämpfer im Vietkong Ende der Sechzigerjahre. Als ich ihn fragte, ob er sein Geld heute noch einmal so verschenken würde, antwortete er mir, dass diese Frage nicht legitim sei, da er schließlich viel mehr gewagt hätte als alle anderen. Und ich finde, er hatte recht mit dieser Antwort. Ich, der ich so etwas Großes nie gewagt hatte, hatte kein Recht, ihm solch eine Frage zu stellen.

Mach den Kopf frei

An Silvester hatte ich mir für das kommende Jahr den Vorsatz gefasst, mir nicht mehr über alles »einen Kopf zu machen«. Hier kommt das Thema Freiheit sehr praktisch, fast therapeutisch zum Ausdruck: Mach den Kopf frei! Wenn das nur so einfach ginge! Aber es gibt Techniken, Freiheitsübungen, mit denen man sich den Kopf frei machen kann.

Jeder und jede kennt die Situation, dass man plötzlich nachts aufwacht und ständig Gedanken kommen und gehen. Oft sind es immer dieselben. Mich erinnern solche Situationen immer auch an die Klagelieder der Bibel. Es gibt im Alten Testament ein eigenes Buch mit den Klageliedern Jeremias. Zweifellos hat der Prophet Jeremia die Eroberung und Zerstörung der Stadt Jerusalem und die Zerstörung des Tempels im Jahr 587 v. Chr. vor Augen. Der Verfasser beklagt den Untergang seiner geliebten Stadt. Diesen Untergang muss er als Gefangener miterleben und sein innerer Ausweg ist die Klage.[8]

Wenn wir also des nächtens unsere ganz eigenen Klagelieder anstimmen, lamentieren wir sicherlich auf hohem Niveau, aber trotz allem sind es Gedanken, die uns gefangen nehmen und bedrücken: »Höre doch, wie ich seufze und keiner hört es!« (Klagelieder 1,21), oder: »Gönne dir keine Ruhe, lass dein Auge nicht rasten! Auf, klage laut in der Nacht ...« (Klagelieder 2,18) – so klingen die Original-Klagelieder und sie erinnern durchaus an unsere individuellen Klagelieder.

Von Paulus und Silas haben wir nun gelernt, dass es sicher gut sein kann und notwendig ist, seinem Frust einmal freien Lauf zu lassen. Wir haben aber auch gelernt, dass man dann auch wieder einen neuen Ansatz finden kann, indem man die Klagelieder durch Loblieder oder durch positive Gedanken ersetzt. Oft ist es ja einfach auch nur blöd, was einen da wach hält, und am perfidesten finde ich den Gedanken: »Werde ich, wenn das so weitergeht, morgen früh halbwegs ausgeschlafen sein?« Als Christ habe ich noch eine weitere Möglichkeit, und ich staune oftmals, wie lange es dauert, bis ich auf die Idee komme zu beten: »Lieber Gott, nimm diese Gedanken, schenke mir Mut, Vertrauen und Hoffnung und lass mich schlafen in Frieden!«

---

[8]   vgl. Helmut Lamperter, Das Buch der Sehnsucht, Stuttgart 1962

Von Paulus und Silas lesen wir, dass sie mitten in der Nacht anfingen, Gott zu loben. Warum tut es gut, Gott zu loben? Was bedeutet es eigentlich, wenn wir Gott loben? Hat es Gott nötig, dass wir ihn loben, so wie wir ein Kind loben: »Das hast du aber fein gemacht!«? Wenn die Bibel davon spricht, dass es gut ist, Gott zu loben, dann meint sie mit diesem »Lob« etwas anderes, als wir heute unter dem pädagogischen Begriff »loben« verstehen. Es ist damit jene innere Haltung gemeint, die sich ganz auf die Gegenwart Gottes einstellt und nun auf einmal von einer großen Dankbarkeit erfüllt wird. In den Psalmen lesen wir:

> Du hast mir meine Klage verwandelt in einen Reigen, du hast mir den Sack der Trauer ausgezogen und mich mit Freude gegürtet, dass ich dir lobsinge und nicht stille werde. Herr, mein Gott, ich will dir danken in Ewigkeit.
> *(Psalm 30,12f.)*

Diese Dankbarkeit will nun hinausgesungen und -gebetet werden: »Großer Gott, wir loben dich, Herr wir preisen deine Stärke! Vor dir neigt die Erde sich und bewundert deine Werke!« Wir stimmen und pendeln uns gewissermaßen auf die ganz andere und viel größere Wirklichkeit ein, die uns durch Gottes Gegenwart umgibt. Ja, »der Glaube gleicht dem Vogel, der singt, wenn die Nacht noch dunkel ist«, wie der indische Literaturnobelpreisträger Rabindranath Tagore einmal formuliert hat, »und er streckt sich nach dem Morgen. Er weiß, nun ist es bald so weit, dass die Sonne licht und blendend Angst und Düsternis vertreibt, dass die Strahlen Wärme spenden, Wärme, die tief in uns bleibt.« Solch ein Loblied oder Dankgebet erfüllt uns zusätzlich mit Kraft und lässt uns erfahren: Wir sind nicht allein.

Gerade an der Erzählung von Paulus und Silas können wir sehen, dass es da nicht um einen reinen »Denk positiv«-Ansatz geht, sondern dass das Loblied denjenigen stärkt und verändert, der es anstimmt. Im oben erwähnten Psalm steht: Die Klage verwandelt sich in einen Freudentanz. Solch eine verblüffende Veränderung geschieht, wenn wir es wagen, Gott zu loben. Es ist ein spirituelles *Reframing*, bei dem wir plötzlich aus unserer beengten Sicht herausgenommen werden, hinein in die Weite der heilsamen Dimension des Schöpfers, zu dem wir »Abba, lieber Vater« sagen dürfen.

Es hilft mir auch, den Kopf frei zu bekommen, wenn ich in einer sternenklaren Nacht hinaus ins Weltall schaue und staune. Am besten mache ich das bei einem schönen Nachtspaziergang mit einem vertrauten Menschen. Und wenn dann noch ein nettes Lokal auf dem Weg liegt, in das wir einkehren können: umso besser. Oft beginnen wir beim Spazierengehen ein Gespräch, das dann beim Einkehren noch einmal eine andere Wendung und Intensität erfährt. Auch wenn das Gespräch dann um Dinge kreist, von denen ich mir eigentlich den Kopf frei machen wollte, hilft es mir doch, diese Dinge zu ordnen und zu sortieren. Auf dem anschließenden Weg nach Hause kann ich sie dann mehr oder weniger ad acta legen.

Dabei geht es nicht darum, dass man sich *überhaupt keine* Gedanken über die Zukunft machen sollte, sondern vielmehr, *nicht zu viele* Gedanken darüber zu verlieren. Man kann sich in Szenarien hineinsteigern: »Was passiert wenn, und was passiert dann, und was machen wir dann ...« – völlig unnötige und überflüssige Gedankenkonstrukte, die gar nichts bringen, weil ich ja sowieso meistens nicht wissen kann, wie sich die Dinge entwickeln. Deshalb habe ich mir selbst in diesem Liedtext ins Stammbuch geschrieben: »Mensch, du denkst zu viel ...« Jemand hat einmal gesagt: »Wir Deutschen werden deshalb als Volk der Denker bezeichnet, weil wir ständig denken, was die andern wohl denken ...«

Gedankenspiel

Gedankenspiel:
Mach den Kopf frei,
Mensch, du denkst zu viel,
lass die Sorgen ziehen
und dann wirst du sehn:
Es wird leichter weitergehn.

Ängste trüben schwer wie Nebelschwaden dein Gehirn,
biete diesen Alltagsplagen doch einmal die Stirn.

Sorgen um die Zukunft dringen nachts in deinen Traum,
denke an was Schönes, gib der Hoffnung neuen Raum.

Zeig nicht immer klagend auf das halb gefüllte Glas,
und genieß bewusster, was du schon im Glase hast!

Aus der Nähe

Wie begegnen wir dem Fremden? Wie gehen wir mit Themen um, die uns fremd sind, die uns unangenehm berühren und mit denen wir nichts zu tun haben wollen? Und wie können wir frei werden von falschen Klischees und Vorurteilen? In meinem Lied »Aus der Nähe« greife ich zwei dieser Themen heraus: die nicht erst seit Thilo Sarrazin weit verbreitete Islamphobie und die ebenfalls weit verbreiteten Berührungsängste bei dem Thema Homosexualität. Darin heißt es:

Aus der Nähe stellt sich vieles anders dar,
aus der Nähe nehmen wir erst vieles wahr,
was mit Abstand so nicht zu erkennen war,
erst die Nähe schenkt uns Liebe, macht uns klar:
aus der Nähe stellt sich manches anders dar.

Erst wenn ich mich auf jemanden wirklich einlasse, lerne ich ihn auch wirklich kennen. Erst, wenn ich jemanden wirklich kennengelernt und Nähe zugelassen habe, kommen auch Gefühle wie Zuneigung, kommt auch die Liebe mit ins Spiel. Und diese Zuneigung, diese persönliche Anteilnahme lässt uns »automatisch« näher und genauer hinsehen und hinhören.

Meine Frau Rosi und ich haben uns eine Zeit lang regelmäßig mit einer muslimischen Familie getroffen: Wir waren einander Gastgeber, aßen und tranken zunächst und haben dann in einem zweiten Teil des Abends anhand des Koran und der Bibel verschiedene Themen diskutiert. Man könnte sagen, wir hatten damals einen »christlich-islamischen Hauskreis«. Ich war beeindruckt von der Gastfreundschaft, von der guten Atmosphäre, die das Haus ausstrahlte. Ich war beeindruckt davon, dass unsere muslimischen Freunde fünf Mal am Tag beteten, und über die Art und Weise, wie sie ihre Kinder im Sinne des Koran erzogen. Und ich habe sehr viel gelernt. Ich verstehe nun, wie ein gläubiger Moslem die Bibel liest und welches Bild er von Jesus hat. Ich habe auch sehr viel über meinen eigenen Glauben gelernt: Ich habe gelernt, klarer zu formulieren, warum ich was glaube und warum ich zum Beispiel an den dreieinigen Gott glaube. Ich habe mir Gedanken darüber gemacht, warum es nicht einfach nur eine Floskel ist, wenn wir einen Gottesdienst »im Namen des Vaters, des Sohnes und des Heiligen Geistes« feiern.

Unsere Gesprächspartner waren sehr belesen, und immer wieder kam die Aufforderung: »Ihr müsst einmal den Koran richtig durchlesen, damit ihr den großen Bogen, den dieses Buch umfasst, kennenlernt!« Ich dachte mir: Recht haben sie, auch das musst du dir aus der Nähe anschauen, sonst kannst du nicht mitreden!« Und so habe ich mich in einem Urlaub auf der wunderschönen Insel Kreta darangemacht, den Koran komplett durchzuarbeiten. Parallel dazu habe ich das Werk von Annemarie Schimmel über die islamische Mystik gelesen. Es war ein mühsames Unterfangen, denn der Koran erwies sich als ein sperriges und für mich zunehmend ärgerliches Buch. Ärgerlich deshalb, weil das christliche Bekenntnis zu dem dreieinigen Gott vom Koran immer und immer wieder, an vielen Stellen als die schlimmste aller Sünden beschrieben wird. Wenn wir also als Christen zu dem dreieinigen Gott beten, dann begehen wir aus der Sicht des Koran die schlimmste vorstellbare Sünde *(Shirk)*, »eine Sünde, die Allah nicht verzeiht«.

Im Koran wird derjenige der schlimmsten Blasphemie bezichtigt, der Allah/Gott (auch die Christen in der arabischen Welt sagen zu Gott »Allah«) jemanden »beigesellt«, also zum Beispiel sagt: Gott hat einen Sohn (vgl. unter anderem Sure 4,116, 171, Sure 5,17, 112). Der Islam wurde wohl in schroffer Abgrenzung zum Christentum entwickelt und formuliert. Das erkannte ich mit einem Mal sehr deutlich, und das war mir in unseren freundschaftlichen Begegnungen und Gesprächen so nicht klar gewesen. Wenn Kolleginnen und Kollegen nun innerhalb des interreligiösen Dialogs sagen: »Na ja, das mit der Trinität sehen wir Christen ja im Grunde gar nicht so eng und Jesus ist auch für uns in erster Linie ein vorbildlicher Mensch und Prophet gewesen und die Bezeichnung als ›Sohn Gottes‹ möchte diese Besonderheit nur hervorheben!«, dann können sie das tun, aber sie verleugnen damit das christliche Glaubensbekenntnis. Sie verlassen den liturgischen Konsens, mit dem wir jeden Gottesdienst, jede Taufe und jedes Abendmahl »im Namen des Vaters, des Sohnes und des Heiligen Geistes« feiern. Da will ich nicht sein! Der Koran leugnet die Kreuzigung Jesu und er leugnet die Auferstehung Jesu. Kreuz und Auferstehung sind aber die zentralen Eckpunkte des christlichen Glaubens.

Als mir diese Unterschiede aufgrund meiner Koranlektüre so deutlich wurden, verloren unsere Gespräche an Unbefangenheit, denn mir war es ab diesem Zeitpunkt wichtiger denn je, klar zu sagen, dass bestimmte Positionen für mich nicht verhandelbar sind. Im Gegenzug stellten wir fest, dass genau diese Positionen auch für unsere muslimischen Geschwister nicht verhandelbar waren. Hier beginnt nun die Toleranz: Toleranz bedeutet: »Ich bin überhaupt nicht deiner Meinung, aber ich werde mich von ganzem Herzen dafür einsetzen, dass du sie auch weiterhin vertreten kannst.« Diese Toleranz wünschte ich mir nicht nur für unser Land, sondern auch für die Länder, in denen Christen in einer mehrheitlich islamisch geprägten Gesellschaft leben. Neben dem tiefen Schmerz und der Erkenntnis, dass Moslems und Christen nicht zu demselben Gott beten können, ist aus dieser Zeit der tiefe Respekt und meine Hochachtung für jeden gläubigen Moslem, der sich mit ganzer Seele nach der Gegenwart Gottes ausstreckt, geblieben.

Es ist gut zu wissen und sich »aus der Nähe« zu betrachten, was und wie der andere glaubt und denkt. Dann muss man sich aber auch von alldem wieder lösen können und sich klarmachen, dass die meisten Moslems »ihren Koran« gar nicht kennen (wie im Übrigen auch die meisten Christen »ihre Bibel« nicht kennen) und mit Religionsstreitigkeiten gar nichts am Hut haben. Die meisten wollen einfach als gläubige, rechtschaffene und freiheitsliebende Menschen mit uns in einem demokratischen Rechtsstaat leben. Ich habe die große Hoffnung, dass es in Zukunft in Deutschland und Europa einen freiheitlich geprägten, historisch kritischen Islam geben kann. Deshalb habe ich das Lied »Aus der Nähe« geschrieben, selbst auf die Gefahr hin, dass man mir Naivität vorwerfen kann. Ich glaube, Dialogbereitschaft muss auch immer einen gewissen Vorschuss an Vertrauen investieren. Ich finde das nicht naiv, sondern friedens- und lebensnotwendig. Außerdem gibt es gar keine Alternativen! Integration kann nur gelingen, wenn alle Beteiligten sich auf den Weg machen und einander mit Hochachtung und Respekt begegnen.

Aus der Nähe

Schreckgespenst Islamisierung:
»Moslems, »Schläfer« überall!
Solch globale Diffamierung
findet manchen Widerhall.

Wenn ein tiefgläubiger Moslem
fröhlich und fünfmal am Tag
sich zu seinem Gott hinwendet,
leistet er einen Beitrag
zu dem Frieden, den wir brauchen,
denn er betet für die Welt
und für alle Friedensstifter,
die das tun, was Gott gefällt.

Aus der Nähe stellt sich vieles anders dar,
aus der Nähe nehmen wir erst vieles wahr,
was mit Abstand so nicht zu erkennen war,
erst die Nähe schenkt uns Liebe, macht uns klar:
aus der Nähe stellt sich manches anders dar.

Warst du je bei den Muslimen
eingeladen als ein Gast,
wenn nicht, hast du wirklich etwas
Ungewöhnliches verpasst:
Tische biegen sich vor Essen,
Düfte, Farben voller Kraft,
zeigen dir: Du bist willkommen!
Das ist wahre Gastfreundschaft.

Aus der Nähe stellt sich vieles anders dar ...

Schreckgespenst: die Homoszene,
»Schwule, Lesben überall!«
Solch globale Diffamierung
findet manchen Widerhall.
Wenn jedoch eins deiner Kinder,
eines Tages dir gesteht,
dass es sich bei aller Liebe
nicht mit Heteros versteht,
dann wird deine Kälte schmelzen,
und du schaust genauer hin,
ihm wirst du wohl doch zuhören,
denn es ist dein liebes Kind.

Aus der Nähe stellt sich vieles anders dar,
aus der Nähe nehmen wir erst vieles wahr,
was mit Abstand so nicht zu erkennen war,
erst die Nähe schenkt uns Liebe, macht uns klar:
aus der Nähe stellt sich manches anders dar.

Wenn ich nach Konzerten mit anderen ins Gespräch komme,
fällt mir auf, dass man über viele Dinge trefflich diskutieren
kann und sehr schnell in eine klischeehafte Argumentation
verfällt, solange man nicht selbst betroffen ist. »Bitte frei ma-

chen von Klischees und falschen Ängsten!« In diesem Lied
geht es um Barmherzigkeit und um die Bereitschaft, dem
Andersartigen wirklich zu begegnen. Das gilt auch homosexuellen Menschen gegenüber. Das bedeutet nicht, dass
nicht auch ich massive Anfragen in diesem Bereich habe. Vor
etlichen Jahren hatte ich im Rahmen der Veranstaltungsreihe
Bistro Nachtcafé zu dem Thema »Homosexualität und Kirche« ein homosexuelles Paar (zwei Männer) zu Gast. Damals
wurde in der hessischen Kirche die Frage, ob man homo-
sexuelle Partnerschaften kirchlich segnen darf oder nicht, gerade heiß diskutiert. Es war eine sehr schöne Veranstaltung
und auch das Gespräch zwischen mir und den beiden Män-
nern verlief sehr gut. Das Publikum hatte die Möglichkeit,
sich direkt an die beiden zu wenden, und es kamen sehr viele
und persönliche Fragen. Das hat mir an dieser Veranstaltung
am besten gefallen, dass hier nicht »über« Menschen, sondern mit den Betroffenen gesprochen wurde. Viele Vorur-
teile konnten aus dem Weg geräumt werden.

Als der Politiker Klaus Wowereit nach seiner Wahl zum
Berliner Oberbürgermeister ins Blitzlichtgewitter und die
offenen Mikrophone verkündete: »Ich bin schwul, und das
ist gut so!«, hat er einen wichtigen, mutigen und guten
Schritt getan. Er hat gesagt: »Da, wo ich bin, da will ich
sein!« Damit hat er vielen Mut gemacht, aus dem Schatten
und aus der Angst herauszutreten. Aus persönlichen Begegnungen und Gesprächen mit Homosexuellen weiß ich, wie
verletzend es Menschen empfinden, die offensichtlich nicht
anders können, wenn sie von religiöser Seite (und hier stehen sich die unterschiedlichen Religionen in nichts nach)
verteufelt und »gesundgebetet« werden sollen.

Ich erhalte aber auch Briefe von Menschen, die sich darüber beschweren, dass ich nicht eindeutig die biblizistische
Position, nämlich die radikale Verurteilung von Homosexualität vertrete. Nun, wenn ich davon ausgehe, dass die
Liebe über allem steht (1. Korinther 13) und dass Jesus

selbst das traditionelle Rechtsdenken (unter Berufung auf Psalm 130,6) im Namen der Liebe und der Barmherzigkeit durch den einfachen Satz: »Wer ohne Schuld ist, werfe den ersten Stein!« mehr oder weniger aufgehoben hat, dann ist der biblische Befund nicht mehr so ganz eindeutig. Außerdem wissen wir heute viel mehr über Homosexualität und wie sie entsteht, als man es zu biblischen Zeiten wusste: Sie ist bei Mensch und Tier eine Spielart der Natur, gegen die ich mich zwar wehren kann, die aber doch irgendwie dazugehört und nicht einfach als Sünde abgetan werden kann. Viele von denen, die mir da schreiben, sind noch niemals einem homosexuellen Menschen begegnet, haben sich nie die Zeit genommen und wirklich zugehört. Oft haben Lesben und Schwule einen sehr langen und leidvollen Weg hinter sich und erleben es als eine Befreiung, sich endlich dazu bekennen zu dürfen: »Jawohl, ich bin schwul, und es tut mir gut, das endlich nicht mehr verstecken zu müssen!«

Und trotzdem würde nun etwas fehlen, wenn ich nicht unbedingt daran festhalten würde, wie schön die Liebesbeziehung zwischen Mann und Frau ist und wie erfüllend und gottgewollt es ist, wenn in einer Ehe Kinder heranwachsen. Eine Gesellschaft, die nicht aussterben will, tut gut daran, die Familie, Mann und Frau mit Kindern, besonders zu fördern und steuerlich und organisatorisch zu bevorzugen.

In einer erzkatholischen Familie spürt die Mutter, dass sich ihr 17-jähriger Sohn ziemlich verändert hat. Eines Morgens nimmt sie ihn beiseite und sagt: »Gell, du hast dich verliebt!« Der Sohn nickt stumm. Nun wird die Mutter neugierig: »Ist es die Katharina?« – der Sohn schüttelt den Kopf. »Ja ist es vielleicht die Melanie?«, wieder schüttelt der Sohn stumm den Kopf. »Na, dann ist es bestimmt die Lara?«, wieder schüttelt der Sohn den Kopf und dann bricht es aus ihm heraus: »Es ist der Michael!« Die streng katholische Mutter wird kreidebleich und stottert mit zittriger Stimme: »Aber, aber der ist doch ... evangelisch!«

Bitte frei machen – von den Eltern

Mein Vater war Pfarrer im Reisedienst, und da er ständig neue Herausforderungen suchte, sind wir als Familie sehr viel umgezogen. Allein in der Grundschulzeit musste ich viermal die Schule wechseln, und zwar zwischen Rheinland-Pfalz, Niedersachsen und Bayern – jedes Mal ein Kulturschock! In den 1970er-Jahren haben wir dann (für unsere Verhältnisse ziemlich lang) sechs Jahre ununterbrochen in Unterfranken gelebt. Meine Eltern wollten zunächst anscheinend so sesshaft werden, dass sie sogar ein Haus gebaut haben. In dieser Zeit ging ich in Bad Königshofen zur Schule und hatte zum ersten Mal in meinem Leben begonnen, so etwas Ähnliches wie einen Freundeskreis aufzubauen.

1977 kam mein Vater auf die Idee, eine Stelle beim Weltkirchenrat in Genf anzutreten. Da habe ich als 17-Jähriger gesagt: »Ich komme nicht mit! Ich möchte gerne da, wo ich bin, die Schule fertig machen.« Zum Glück hatten meine Eltern die Freiheit, mich ausziehen zu lassen, oder besser gesagt, mich in Unterfranken zurückzulassen. Noch während sie in Deutschland waren, zog ich probeweise in eine etwa 100 Meter entfernte Wohnung und schließlich ganz nach Bad Königshofen, wo ich mir nach längerem Hin und Her gemeinsam mit einem Freund ein kurz vor dem Abriss stehendes Häuschen mietete. Ich musste mich frei machen von dem für meine Begriffe ziemlich chaotischen und wenig beheimateten Lebenskonzept meiner Eltern.

Die Freiheit, die sich mein Vater genommen hat, mit uns als Familie ständig umzuziehen, hat uns Kindern nur bedingt gutgetan. Als wir, meine Frau und ich, eine Familie gründeten, war ich mir der Tatsache sehr bewusst, dass ich, wenn es irgendwie möglich sein würde, so etwas meinen Kindern nicht antun wollte. Und so haben wir zusammen mit Freunden ein Haus gekauft und leben seit 24 Jahren an einem und demselben Ort – für mich als reisender Sänger und Autor eine wunderbare Freiheit: Es ist die Freiheit, eine Heimat zu haben, bei der ich weiß, dass ich dort hingehöre: »Da, wo ich bin, da will ich sein!«

Bitte frei machen – das Gebet

Wenn wir in jedem Gottesdienst im Vaterunser beten: »… und führe uns nicht in Versuchung, sondern erlöse uns von dem Bösen!«, dann bitten wir: »Bitte frei machen!« Erlösung ist ein anderes, vielleicht tiefer greifendes Wort für Befreiung. Um die Tiefe und den Ursprung dieser Bitte besser zu verstehen, müssen wir berücksichtigen, in welcher Situation Jesus seinen Jüngern dieses Gebet beibringt: Mitten in der Bergpredigt, als Jesus seinen fassungslosen Zuhörern eine Überforderung nach der anderen zumutet, nimmt er sie gewissermaßen beiseite und bringt ihnen dieses Gebet bei. Jesus sagt: »Liebt eure Feinde, segnet, die euch verfluchen, tut Gutes denen, die euch hassen!« Er sagt nicht: Ihr dürft keine Feinde haben! Im Gegenteil, er sagt: Ihr habt Feinde, akzeptiert das und benennt sie, denn nur dann könnt ihr anfangen, anders mit ihnen umzugehen. Man könnte auch sagen: »Liebet eure Feinde, denn das bringt sie völlig durcheinander!«

Wir merken sofort, dass unser Widerspruchsreflex in Gang kommt: »Einspruch, euer Ehren! Niemand kann seine Feinde lieben! Das ist unmöglich!« Aber Jesus sagt an anderer Stelle: »Bei den Menschen sind viele Dinge unmöglich, Gott aber sind alle Dinge möglich!« Einem japanischen Autohersteller hat dieser Satz so gut gefallen, dass er gleich eine Werbekampagne daraus gemacht hat: »Nichts ist unmöglich!« Mit diesem Slogan konnte er seinen Umsatz um ein Vielfaches steigern.

In unseren Kirchen bleiben die Leute weg, weil wir es nicht schaffen, die Brisanz und die Lebensnotwendigkeit des Evangeliums zu vermitteln. Ausgebuffte Werbeagenturen schnappen sich dagegen die Kernaussagen der Bibel und machen damit gigantische Umsätze – schlicht und ergreifend deshalb, weil sie wahr sind: »Alle Dinge sind möglich dem, der glaubt!« (Markus 9,23). Auch in diesem Satz steckt eine unglaubliche Freiheit und Kreativität: Nur, wenn ich an ein Ziel glaube, kann ich es auch umsetzen. Wenn ich nicht daran glaube, kann ich es gleich sein lassen und mich zurückziehen.

Das ist die freiheitlich-kreative Atmosphäre, in der Jesus seinen Jüngern auch das Vaterunser beibringt und damit zeigt: Da, wo du an deine Grenzen kommst, wo du sagst: Das geht nicht, das kann ich niemals umsetzen!, darfst du vor den Schöpfer des Kosmos treten, ihn mit »Vater« ansprechen und bitten »Dein Reich komme, dein Wille geschehe!«. Komme du mit deiner Auferstehungskraft, mit deiner Liebe und Versöhnung in mein Leben und erfülle mich mit deinem Heiligen Geist und mit deiner Kraft! Dann kann der christliche Glauben etwas sehr Spannendes werden, weil ich zum Überschreiter meiner eigenen Grenzen werde. Es ist Jesus, der mich herausfordert und stärkt. Erst auf der Grenze kommt letztendlich die Freiheit ins Spiel. Wer wirklich frei ist oder frei sein möchte, kann keine Grenzen akzeptieren, außer derjenigen, die ihm die Liebe ans Herz legt. Der Kirchenvater Augustin hat einmal gesagt: »Liebe und tu, was du willst!«

Die Bitte im Vaterunser »Und erlöse/befreie uns von dem Bösen!« greift unter anderem auf diese Ursituation der Bergpredigt zurück. Ein Teil des Bösen in dieser Welt besteht in unseren Ausreden und Ausflüchten, mit denen wir zu begründen versuchen, warum wir nicht mehr wagen und warum wir als Christen nicht viel mutiger die Freiheit im Blick haben. Aber diese Bitte greift noch viel tiefer und vereint sich mit dem Seufzen der Schöpfung und dem tiefen Wunsch nach Erlösung.

Wenn ein Gefangener von seinen Kumpels aus dem Gefängnis befreit wird, ist er immer noch ein Gefangener, nun allerdings auf der Flucht. Er ist zwar frei vom Gefängnis, aber dafür steht er unter anderen Zwängen. Wenn jemand *erlöst* wird, ist das endgültig. Das Lösegeld ist bezahlt, der Erlöste ist in einem ganzheitlichen und umfassenden Sinne frei. Nach solcher Freiheit sehnen wir uns von ganzem Herzen: nach einer Freiheit ohne Beigeschmack, ohne Kollateralschäden. Die Freiheit der Mobilität zum Beispiel, mit dem Billigflieger auch in die entlegendsten Orte der Erde zu reisen, hat den Beigeschmack der Umweltzerstörung. Es ist eine Freiheit auf Kosten anderer. Wenn wir also beten: »Erlöse uns von dem Bösen«, dann sehnen und strecken wir uns nach einer Freiheit, die uns geschenkt wird. Es ist nicht die Freiheit, die wir uns nehmen, sondern eine Freiheit, die allen Menschen zuteilwerden soll.

Es ist ein Teil des Bösen, dass es so ungerecht auf dieser Welt zugeht. »Das Böse«, hat der Kirchenvater Augustin einmal als »Mangel an Gutem« beschrieben: Wo das Gute, die Liebe und die Versöhnung keinen Raum hat, da gedeiht das Böse. Somit bitten wir, wenn wir das Vaterunser beten, auch darum, dass die Liebe und die Versöhnung in unserem Herzen Raum gewinnen soll. Das könnte dann auch Auswirkungen auf das strukturell Böse in unserer Welt haben, weil wir dann zumindest theoretisch beginnen, anders, gerechter, besser, erlöster zu leben. Ich formuliere das bewusst vorsichtig, weil es leider erst mal nur eine schöne Theorie ist. Würden alle zwei Millionen Christen, die nach wie vor jeden Sonntag in unserem Land in die Kirche gehen und dort »… und erlöse uns von dem Bösen!« beten, tatsächlich verändert und befreiter in ihren Alltag gehen, müsste das doch in unserer Gesellschaft spürbar sein.

Bitte freischwimmen!

Schon als Kleinkinder entwickeln wir einen unbändigen Drang zur Selbstständigkeit: »Allein! Alleine machen!« ist eine Forderung, die man schon bei Zweijährigen hören kann – und wehe der Mutter oder dem Vater, der diesen Wunsch missachtet! Heftige Wutausbrüche, Strampeln, Treten und Geschrei sind die Folge. Besonders tragisch ist es dann, wenn klar ist, dass der kleine Mann oder die kleine Frau es garantiert noch nicht alleine kann: sich zum Beispiel alleine anziehen oder alleine etwas so zu basteln, dass es auch zum gewünschten Ergebnis führt. Da braucht man dann als Eltern Nerven wie Stahl und eine Engelsgeduld. Das Kind muss selbst die Erfahrung machen, was es schon alleine kann und was nicht. Wenn dann beim Basteln etwas herauskommt, das nur sehr entfernt an das gewünschte Objekt erinnert, ist das eben so. Aber dann sollte man auch nicht so tun, als sei das Werk hundertprozentig gelungen, sondern gemeinsam überlegen, was man noch verbessern könnte und dass es keine Schande ist, sich in bestimmten Situationen helfen zu lassen. Der Papa repariert ja sein Auto auch nicht selber.

Wie schön ist es, Kinder dabei zu beobachten, wenn sie beispielsweise anfangen zu laufen. Dieser konzentrierte, leuchtende Blick, dieses strahlende Gesicht: »Ich kann es – alleine!« Neulich haben wir uns Videos aus der Zeit angesehen, als unsere Tochter Enya noch ganz klein war. Es war einfach unglaublich, was für eine Lebensenergie von diesem kleinen Menschlein ausging, das sich nun »auf eigenen Beinen« in der Wohnung bewegte. »Begeisterung« ist das richtige Wort: Enya war begeistert von der Freiheit, aufzustehen und aus einer neuen Perspektive die Welt zu erleben. Als unser Sohn Robin im Alter von sechs Jahren seine Seepferdchen-Schwimmprüfung abgelegt hatte, war er so begeistert von der Tatsache, dass er nun alleine ins Schwimmerbecken durfte, dass wir gleich ins Freibad fahren mussten. Dort marschierte er schnurstracks zum Dreimeterbrett, kletterte hinauf und sprang, ohne groß zu überlegen, von dort oben ins Wasser. Mit einem strahlenden Lächeln tauchte er wieder auf und sprang gleich noch zwei, drei Mal. Er hatte sich frei gemacht oder besser gesagt »freigeschwommen«.

Bitte frei machen

»Bitte frei machen!«,
das kennen wir vom Arzt.
Kurz vor der Untersuchung
heißt es da: »Bitte frei machen!«
Und mit kühlem Metall
und spitzen Ohren
werden wir dann durchlauscht:
Bitte kräftig ein- und ausatmen!

»Bitte freimachen!«,
auf jeder Postkarte,
dort wo die Briefmarke hinmuss,
steht: »Bitte freimachen!«
Befreie diese Karte für den Transport,
indem du für sie bezahlst,
die Freiheit hat ihren Preis:
Was ist dir deine Freiheit wert?

»Bitte frei machen!«,
riefen die 68er.
»Auf in die sexuelle Revolution!
Wer zweimal mit derselben pennt,
zählt schon zum Establishment!«
Die Freiheit der Egoisten,
mit dem schalen Nachgeschmack,
Freiheit auf Kosten der Kinder.

»Bitte frei machen!«
sagt uns das dritte Gebot:
Du kannst nicht immer
nur arbeiten, du musst

bitte auch mal frei machen!
Ohne Feiertag, nur noch Alltag,
kein Innehalten mehr.
Wann hast du mal wirklich Zeit?

»Bitte frei machen!«
in jedem Gottesdienst.
Im Vaterunser beten wir:
Und erlöse uns
von dem Bösen,
und den falschen Freiheiten,
Bitte frei machen
von allem, was das Leben hindert!

Nachwort

Ich entspanne am Rande des Schwimmbeckens und lasse meinen Körper im Wasser treiben. Ich habe es geschafft: Ich bin wieder eine gute halbe Stunde, rund 1000 Meter geschwommen. Ich habe mich verausgabt, konnte abschalten und beginnen, meine Gedanken schweifen zu lassen. Nun genieße ich es, die Anspannung »auslaufen zu lassen«.

»Da, wo ich bin, da will ich sein!« – Diesen Satz habe ich die ganze Zeit meditiert und mich gefreut am Wasser, an meinen Bewegungen, am Untertauchen und an den Blickkontakten mit all jenen, die genauso gern und bewusst diese Zeit genossen haben.

Auch mit den Inhalten dieses Buches habe ich nun eine gute Strecke zurückgelegt. Es war schön, diese Gedanken mit mir herumzutragen und zu schauen: Wo funktioniert es und wo funktioniert es nicht, dieses »Da, wo ich bin, da will ich sein«? Ich habe festgestellt: Es funktioniert eigentlich überall – ob ich zur Arbeit fahre, bei der Kasse im Supermarkt in der Schlange stehe, ob ich im Wartezimmer eines Arztes sitze oder ob ich mit meinen Kindern etwas unternehme.

Und das ist ja die Grundidee, die wir von Paulus und Silas lernen können: »Raus aus dem Jammern, raus aus der Opferhaltung – hinein in eine positive, lebensbejahende Grundeinstellung. Da mir das mitunter von mir selbst aus nicht so gut gelingt, eilt mir das kleine Gebet: »Bitte frei machen!« zur Seite: »Lieber Gott, bitte mach mich frei von Gejammere und lass mich die Geschenke eines jeden neuen Tages erkennen und entfalten!«

Es gäbe noch so vieles zu sagen und zu ergänzen, ich möchte aber an dieser Stelle nur noch einigen Menschen danken: Ich danke meinem Lektor Rolf Hartmann, der dieses Buch so sorgfältig und ermutigend mit betreut hat. Ich danke Peter Steinacker für seine fachkundige Beratung. Ich danke Christian Führer, Jörg Zink und den vielen anderen, denen ich meine Gedanken »hinhalten« durfte. Und ich danke meiner lieben Familie, die einen Ehemann und Papa erträgt, der immer wieder einmal »kreativ abtaucht«.

Clemens Bittlinger